Die Geschichte Australiens

HERGESTELLT VON SKRIUWER

Copyright © 2025 by Skriuwer.

Alle Rechte vorbehalten. Kein Teil dieses Buches darf ohne schriftliche Genehmigung in irgendeiner Form verwendet oder reproduziert werden, außer im Falle kurzer Zitate in kritischen Artikeln oder Rezensionen.

Bei **Skriuwer** sind wir mehr als nur ein Team – wir sind eine globale Gemeinschaft von Menschen, die Bücher lieben. „Skriuwer" bedeutet auf Friesisch „Schriftsteller", und genau das ist der Kern unserer Arbeit: Bücher zu schreiben und mit Lesern weltweit zu teilen. Wo auch immer Sie sich auf der Welt befinden, **Skriuwer** ist da, um zum Lernen zu inspirieren.

Friesisch ist eine der ältesten Sprachen Europas, eng verwandt mit Englisch und Niederländisch und wird von etwa **500.000 Menschen** in der Provinz **Friesland** (Fryslân) im Norden der Niederlande gesprochen. Es ist die zweite Amtssprache der Niederlande, aber wie viele Minderheitensprachen steht Friesisch vor der Herausforderung, in einer modernen, globalisierten Welt zu überleben.

Wir verwenden unsere Einnahmen, um die friesische Sprache zu fördern.

Für weitere Informationen kontaktieren Sie bitte: **kontakt@skriuwer.com** (www.skriuwer.com)

Haftungsausschluss:

Die Bilder in diesem Buch sind kreative Neuinterpretationen historischer Szenen. Obwohl wir uns größte Mühe gegeben haben, die Essenz der dargestellten Epochen präzise einzufangen, können einige Abbildungen künstlerische Verschönerungen oder Annäherungen enthalten. Sie sollen die Atmosphäre und den Zeitgeist der Zeit einfangen und nicht als präzise historische Aufzeichnungen dienen.

INHALTSVERZEICHNIS

KAPITEL 1: DIE ERSTEN MENSCHEN AUF DEM KONTINENT

- Erste Ankunft und Besiedlung
- Leben eines Jäger- und Sammlervolkes
- Spirituelle Verbindung in der Traumzeit

KAPITEL 2: DIE VIELFÄLTIGE WELT DER ABORIGINES

- Stämme, Sprachen und Lebensräume
- Traumzeit, Mythen und Riten
- Kunst, Rockart und Malerei

KAPITEL 3: FRÜHE SICHTUNGEN UND EUROPÄISCHE VORSTELLUNGEN

- Portugiesische Gerüchte, Niederländer Kartierungen
- William Dampier und die ersten englischen Berichte
- Terra Australis Incognita in europäischen Karten

KAPITEL 4: DIE ANKUNFT DER BRITEN UND DIE GRÜNDUNG VON KOLONIEN

- Die First Fleet und Sydney Cove
- Sträflingskolonien als Grundmauer
- Erste Kontakte mit den Eora

KAPITEL 5: DAS LEBEN IN DEN ERSTEN STRAFKOLONIEN

- Arbeitsalltag und harte Strafen
- Solidarität und Zeitkolorit
- Begnadigung, Ticket of Leave

KAPITEL 6: DIE ERFORSCHUNG DES LANDESINNEREN

- Blaxland, Oxley und ihre Kollegen
- Unerschlossene Pionierouten, Pässe und Flussverläufe
- Sturt und Leichhardt im Norden

KAPITEL 7: KONFLIKTE UND WECHSELWIRKUNGEN ZWISCHEN EUROPÄERN UND ABORIGINES

- Landbesitz und Missverständnisse
- Massaker, Widerstand und geheime Bände
- Austausch von Kunst, Know-how und Sprache

KAPITEL 8: DIE ENTWICKLUNG DER LANDWIRTSCHAFT UND DES HANDELS

- Schafzucht, Wollindustrie
- Weiland und Ackerbau
- Transportwege und Schifffahrt

KAPITEL 9: GOLDRAUSCH & GESELLSCHAFTLICHER WANDEL

- Ballarat und Bendigo
- Impulse für Migration und Industrie
- Eureka Stockade und die Förderung demokratischer Ideen

KAPITEL 10: WACHSTUM DER KOLONIEN UND ERSTE SCHRITTE ZUR SELBSTVERWALTUNG

- Nereinheiten und Infrastruktur
- Einfluss des Goldrauschs auf Politik und Gesellschaft
- Beginn eines gemeinsamen Identitätsgefühls

KAPITEL 11: DIE TRENNUNG VON NEW SOUTH WALES UND DIE ENTSTEHUNG NEUER KOLONIEN

- Victoria und Queensland
- Politische Lokalpartikularismen
- Konflikte mit dem Mutterland und Themen der Verwaltung

KAPITEL 12: POLITISCHE REFORMEN UND DIE ROLLE DER FRAUEN

- Wahlrechterweiterung und Gesetzesänderungen
- Gesellschaftliche Position der Frauen
- Beginn eines langsamen Mentalitätswandels

KAPITEL 13: WIRTSCHAFTLICHER AUFSCHWUNG UND UMWELTFOLGEN

- Industrieentwicklung, Schafscherer und Stadtbau
- Kaninchenplage und Rodung
- Probleme des Wasserhaushaltes

KAPITEL 14: AUF DEM WEG ZU EINER FÖDERATION

- Interkoloniale Konferenzen
- Henry Parkes und Sinn eines geeinten Australiens
- Streit um Zölle, Schienen und Föderalismus

KAPITEL 15: GRÜNDUNG DES AUSTRALISCHEN BUNDES UND ERSTE JAHRE

- 1. Neujahrstag 1901, die proklamierte Einheit
- Repräsentationshouse, Senat und Gesetzgebung
- Frühe Sessionen, starke Stellung der Bundesregierung

KAPITEL 16: AUSTRALIEN IM ERSTEN WELTKRIEG

- *Eintritt in den Krieg an Seite Großbritanniens*
- *Gallipoli und der ANZAC-Mythos*
- *Hohe Verluste, sowie Wirkungen im Inneren*

KAPITEL 17: ZWISCHENKRIEGSZEIT: FORTSCHRITT UND KRISEN

- *Krise der 1920er in Form der Weltwirtschaftskrise*
- *Arbeiterbewegung und Notprogramme*
- *Wechsel zwischen Stabilität und Sozialen Spannungen*

KAPITEL 18: DER ZWEITE WELTKRIEG UND SEINE AUSWIRKUNGEN

- *Einstieg in den Krieg an Seite Großbritanniens*
- *Japans Angriff auf Darwin und Kokoda Path*
- *Sieg und Nachkriegszeit*

KAPITEL 19: NACHKRIEGSZEIT: WANDEL IN GESELLSCHAFT UND WIRTSCHAFT

- *Einwanderung, Babyboom und Städterbau*
- *Rolle der Frauen, rückpendende Traditionen*
- *Cold War, ANZUS und Alliierte Strategie*

KAPITEL 20: VERTIEFUNG DER NATIONALEN IDENTITÄT UND AUSBLICK

- *Kulturelle Offenheit und starke Bände zu Britannien und USA*
- *Gesellschaftliche Reformen: Erste Forderung von Bürgerechten*
- *Finales Fazit und Vorbereitung auf die Zukunft*

KAPITEL 1: DIE ERSTEN MENSCHEN AUF DEM KONTINENT

Einleitung

Vor sehr langer Zeit, als die Welt noch anders aussah als heute, besiedelten die ersten Menschen den Kontinent, den wir heute Australien nennen. Diese frühen Menschen, oft als die Vorfahren der Aborigines bezeichnet, machten eine bemerkenswerte Reise. Sie kamen aus Regionen nördlich des heutigen Australien. Manche vermuten, dass sie weite Strecken über das Meer zurückgelegt haben, um auf diesen Kontinent zu gelangen. Andere glauben, dass es in jener Zeit niedrigere Meeresspiegel gab, sodass große Teile des Kontinents über Landbrücken miteinander verbunden waren. Auf ihrer Reise mussten diese ersten Entdecker mit verschiedenen Klimazonen zurechtkommen, von tropischer Hitze bis hin zu trockenen Wüsten. Einmal in Australien angekommen, lebten sie in Harmonie mit dem Land und nutzten dessen Ressourcen, um ihr Überleben zu sichern.

In diesem Kapitel werden wir uns intensiv damit beschäftigen, wie diese ersten Menschen auf den Kontinent gelangten, wie ihr Alltagsleben aussah und welche Spuren sie im Land hinterlassen haben. Wir werfen einen Blick auf die vielen verschiedenen Landschaften, in denen sie lebten, von Küstengebieten über tropische Regenwälder bis hin zu weiten Wüsten. Das Ziel ist es, ihre Lebensweise so klar wie möglich darzustellen und zu zeigen, warum sie bis heute eine so wichtige Rolle in der Geschichte Australiens spielen.

Die Besiedlung und mögliche Routen

Die Zeit, in der die ersten Menschen nach Australien kamen, liegt weit zurück. Einige Wissenschaftler gehen davon aus, dass sie vor etwa 50.000 bis 60.000 Jahren eintrafen. Andere Untersuchungen sprechen von noch längeren Zeiträumen. Damals war das Klima auf der Erde anders, und der Meeresspiegel war niedriger als heute. Dadurch waren Australien, Neuguinea und Tasmanien teilweise miteinander verbunden oder lagen näher beieinander.

Die Menschen, die zum Kontinent reisten, waren vermutlich Jäger und Sammler. Das bedeutet, dass sie sich von Pflanzen, Früchten und kleineren Tieren ernährten, die sie in der Natur fanden oder jagten. Zudem lebten sie oft nomadisch, also zogen sie von einem Gebiet ins nächste, je nachdem, wo sie am besten Nahrung und Wasser finden konnten.

Wie genau die Menschen über das Meer kamen, ist bis heute ein Rätsel. Sicher ist nur, dass sie einige Seestrecken überwinden mussten. Manche Forscher stellen sich einfache Floße oder Kanus vor, die aus Baumstämmen und Ästen gefertigt sein könnten. Für diese Menschen war es ein großer Schritt, ein unbekanntes Meer zu überqueren und neues Land zu betreten. Sie wagten es wohl, weil sie nach besseren Jagdgründen oder fruchtbarerem Land suchten.

Das Leben in verschiedenen Regionen

Australien ist ein Kontinent mit sehr unterschiedlichen Landschaften. Es gibt tropische Regenwälder im Norden, gemäßigte Zonen im Südosten und riesige Wüsten im Zentrum. Die frühen Menschen lernten, sich an diese vielen Lebensräume anzupassen. Das erforderte Geschick, Wissen und eine tiefe Verbundenheit mit der Natur.

In den tropischen Regionen im Norden fanden sie viele Früchte, Nüsse und Wurzeln. Dort gab es ausreichend Wasser, sodass sich Menschen in kleinen Gruppen niederlassen konnten. Auch die Jagd war hier leichter als in den trockenen Gebieten. Viele Tiere lebten in den Flüssen, an den Küsten und in den feuchten Wäldern.

In den Wüstengebieten war das Leben härter. Wasser war knapp, und die Temperaturen konnten extrem sein. Aber auch dort lernten die Menschen, zu überleben. Sie folgten dem Rhythmus der Natur und zogen dorthin, wo es Regen gab. Wenn es Wasser in kleinen Seen oder Flüssen gab, schlugen sie ihre Lager auf. Dort sammelten sie essbare Pflanzen und jagten kleinere Tiere, die sich ebenfalls in der Nähe des Wassers aufhielten.

Die Menschen tauschten auch untereinander Wissen aus. So lernten Gruppen, die an der Küste lebten, von Gruppen im Landesinnern und umgekehrt. Dieser Austausch von Ideen war wichtig, um in der oft herausfordernden Umgebung zu bestehen.

Werkzeuge und Fertigkeiten

Die ersten Bewohner Australiens waren Meister im Herstellen und Nutzen einfacher Werkzeuge. Aus Stein, Knochen und Holz fertigten sie Speere, Messer und Schaber. Mit diesen Werkzeugen konnten sie Tiere jagen, Fleisch zubereiten, Häute abziehen und Pflanzen bearbeiten. Steinwerkzeuge wurden durch Abschlagen kleiner Splitter hergestellt, bis die gewünschte Form entstand.

Mit Speeren, in die sie scharfe Klingen aus Stein oder Knochen einsetzten, jagten sie Kängurus, Wallabys und andere Tiere. Auch die Boomerangs, die wir heute oft mit den Aborigines verbinden, stammen aus dieser Zeit. Allerdings gab es verschiedene Formen von Boomerangs, und nicht alle kehrten zum Werfer zurück. Einige waren reine Jagdwaffen, die stabiler und schwerer waren und so bessere Treffer erzielten.

Feuer spielte eine große Rolle in ihrem Leben. Es diente zum Kochen und Wärmen, aber auch für die Pflege der Umwelt. Durch gezielte Brandrodungen regenerierte sich das Land besser, und frische Triebe lockten Tiere an, die man dann jagen konnte. Dieses Feuer-Management war eine Kunst, die sehr viel Wissen über Pflanzen- und Tierwelt verlangte.

Kulturelle Vorstellungen und Geschichten

Die ersten Menschen in Australien lebten nicht nur von praktischen Fertigkeiten. Sie entwickelten auch eine tiefe spirituelle Verbindung zum Land. Diese Verbindung zeigt sich in den Mythen und Geschichten, die oft von der sogenannten Traumzeit erzählen. Auch wenn wir heute viel über die Traumzeit der Aborigines hören, gab es schon in diesen frühen Epochen wohl ähnliche Vorstellungen von der Entstehung der Welt und der Bedeutung einzelner Orte.

In den Geschichten ging es oft um übernatürliche Wesen, die die Landschaft geformt haben sollen, indem sie Flüsse, Berge und Tiere erschufen. Viele dieser Geschichten wurden mündlich weitergegeben. Für die Menschen war das Land nicht nur ein Ort, an dem man Nahrung suchte, sondern auch ein heiliger Raum voller spiritueller Bedeutung.

Felsmalereien und andere künstlerische Spuren sind ein wichtiges Fenster in diese frühe Zeit. Sie geben uns Einblicke, wie die Menschen bestimmte Tiere darstellten oder wie sie wichtige

Ereignisse festhielten. Einige dieser Kunstwerke sind Jahrtausende alt und finden sich in vielen Teilen Australiens.

Anpassung an den Wandel des Klimas

Während der vielen Jahrtausende, in denen die Menschen in Australien lebten, änderte sich das Klima mehrfach. Mal wurde es kälter, mal wärmer, und der Meeresspiegel stieg oder sank. Dadurch konnten sich die Landschaften spürbar verändern. In einigen Perioden war Australien feuchter, es gab mehr Flüsse und Seen. In anderen Perioden breiteten sich Trockengebiete aus, und viele Tierarten wanderten ab oder starben aus.

Die Menschen mussten sich stets neu anpassen. Eine wichtige Fähigkeit bestand darin, rechtzeitig in andere Gebiete zu ziehen, wenn sich die Bedingungen verschlechterten. Doch sie wandelten nicht nur ihre Lebensweise, sondern veränderten mit ihrem Handeln auch die Natur. Durch gezielte Brände beeinflussten sie das Pflanzenwachstum. Die Jagd nahm Einfluss auf das Gleichgewicht zwischen unterschiedlichen Tierarten.

Eine der großen Veränderungen war das Verschwinden von sogenannten Megafauna-Tieren, wie riesigen Kängurus oder großen, wombatähnlichen Kreaturen. Ob die Menschen zur Ausrottung dieser Tiere beitrugen oder ob das Klima die Hauptursache war, ist unter Forschern bis heute umstritten. Wahrscheinlich spielten beide Faktoren eine Rolle.

Soziale Strukturen und Gemeinschaften

Auch wenn wir heute nicht mehr alle Einzelheiten kennen, ist klar, dass sich bereits in dieser frühen Zeit eine komplexe Gesellschaftsordnung entwickelte. Die Menschen lebten in Clans oder Familiengruppen. Älteste und erfahrene Jäger*innen spielten eine wichtige Rolle. Sie gaben ihr Wissen an die Jüngeren weiter, erzählten Geschichten und sorgten dafür, dass die Traditionen bewahrt blieben.

In vielen Regionen gab es klare Regeln dafür, wer mit wem jagen ging, wer die Verantwortung für bestimmte Kinder trug und wie Streitigkeiten geregelt wurden. Diese Regeln wurden nicht aufgeschrieben, sondern mündlich über Generationen weitergegeben. Das gab den Gruppen Stabilität und half, Konflikte zu vermeiden.

Da die Gruppen oft umherzogen, um Nahrung und Wasser zu finden, war Zusammenhalt besonders wichtig. Jeder musste wissen, was zu tun war, wenn es an Wasser mangelte oder eine Dürre einsetzte. Manchmal trafen sich Gruppen, um Feste zu feiern, Handel zu treiben oder Ehen zu arrangieren. Solche Treffen waren auch ein Ort, an dem Wissen geteilt, Tänze aufgeführt und Geschichten weitergegeben wurden.

Erste Spuren in Höhlen und Böden

Wenn wir heute mehr über diese frühen Menschen erfahren wollen, müssen wir archäologische Spuren ausgraben. Dazu gehören Steinwerkzeuge, Feuerstellen oder Knochenreste. Felsmalereien in entlegenen Höhlen geben uns Einblicke in den Alltag, die Tiere und die Spiritualität dieser Zeit.

Einer der bekanntesten Funde sind alte Feuerstellen, die zeigen, dass Menschen bereits vor vielen Jahrtausenden regelmäßig Feuer machten. Die Art und Weise, wie Knochen von Tieren bearbeitet wurden, verrät uns viel über die Jagdtechniken. Manche Orte zeigen, dass dort größere Gruppen von Menschen lebten oder sich zumindest regelmäßig versammelten.

In manchen Höhlen wurden Hunderte von Handabdrücken gefunden. Diese Handabdrücke entstanden, indem die Menschen mit dem Mund Farbe über ihre Hand spritzten, während sie sie an den Fels drückten. So entstand das Negativ der Hand. Solche Bilder hatten möglicherweise eine zeremonielle Bedeutung oder dienten als Zeichen dafür, wer dort gelebt oder Halt gemacht hatte.

Die Bedeutung des Wassers

Wasser war schon immer knapp in vielen Teilen Australiens. Daher suchten die Gruppen nach Orten, an denen es sichere Wasserlöcher oder Flüsse gab. Dort bauten sie ihre Lager auf. Entdeckten sie eine neue Wasserstelle, konnte das über Leben und Tod entscheiden.

Um das Überleben zu sichern, lernten die Menschen, Zeichen in der Natur zu lesen, um auf Wasser zu stoßen. Sie kannten bestimmte Pflanzenarten, deren Vorkommen auf feuchte Böden hinwies. Oder sie lasen Spuren von Tieren, die sie zu Wasserquellen führten. Die Fähigkeit, Wasser zu finden und zu nutzen, war eine Überlebenskunst, die über Generationen weitergegeben wurde.

Manchmal wurden Wasserlöcher mit Steinen oder einfachen Mauern geschützt, damit das Wasser nicht zu schnell verdunstete oder von Tieren verunreinigt wurde. Diese frühen Formen von "Wassermanagement" zeigen uns, wie sorgfältig die ersten Menschen mit natürlichen Ressourcen umgehen mussten.

KAPITEL 2: DIE VIELFÄLTIGE WELT DER ABORIGINES

Einleitung

Die Aborigines bilden die Urbevölkerung Australiens. Obwohl der Begriff "Aborigines" oft als Sammelbegriff verwendet wird, gab und gibt es sehr viele verschiedene Stämme, Sprachen und Kulturen. In diesem Kapitel wollen wir näher betrachten, wie diese Gruppen lebten und was ihre Gesellschaften auszeichnete.

Wir werden sehen, dass die Welt der Aborigines sehr reich an Traditionen und Wissen war. Von der Jagd über das Zeremoniell bis hin zur Familienstruktur gab es viele Besonderheiten, die wir heute kennen oder aus Berichten rekonstruieren können. Dieses Kapitel soll uns helfen zu verstehen, wie eng die Aborigines mit ihrem Land verbunden waren und in welcher Vielfalt sie ihre Kultur ausdrückten.

Sprachen und Stämme

Australien war vor der Ankunft der Europäer in viele verschiedene Gebiete unterteilt, in denen ganz eigene Gruppen lebten. Man geht davon aus, dass es Hunderte, wenn nicht sogar mehr als tausend verschiedene Sprachen oder Dialekte gab. Jede Gruppe entwickelte ihre eigene Art, sich auszudrücken, Geschichten zu erzählen und Wissen weiterzugeben.

Diese Gruppen werden oftmals als "Stämme" oder "Clans" bezeichnet, doch man muss sich bewusst sein, dass diese Begriffe vereinfacht sind. Jede Gruppe hatte ihre eigenen Namen für sich selbst. Auch die Gebiete, in denen sie lebten, waren durch bestimmte Berge, Flüsse oder andere natürliche Grenzen gekennzeichnet. Diese Orte hatten heilige Bedeutung, da sie in den Erzählungen der Gruppe fest verankert waren.

Das Land selbst war nicht einfach nur ein Ort zum Leben. Es war Teil der Identität und wurde durch die Traumzeit-Geschichten erklärt und mit Bedeutung gefüllt. Man wusste genau, welches Land zur eigenen Gruppe gehörte und welches Land anderen Gruppen zustand. Das führte nicht unbedingt zu Konflikten, da es klare Regeln für das Betreten fremder Gebiete gab. Wer zum Beispiel für ein Fest oder eine Zeremonie in das Land einer anderen Gruppe kam, brauchte oft eine Einladung oder musste bestimmte Rituale beachten.

Die Traumzeit und ihre Bedeutung

Ein zentrales Element vieler Aborigines-Kulturen ist die Traumzeit, im Englischen auch "Dreamtime" genannt. Damit wird eine Art Schöpfungszeit bezeichnet, in der die Ahnenwesen das Land geformt und mit Leben erfüllt haben. Diese Ahnenwesen werden in vielen Geschichten als riesige Tiere oder Mischwesen dargestellt, die im Land umherzogen und Berge, Flüsse, Seen und sogar die Gestalt der Menschen schufen.

Die Traumzeit ist aber nicht nur eine Erzählung aus der Vergangenheit. Für viele Aborigines ist sie auch eine zeitlose Gegenwart. Es bedeutet, dass die spirituelle Kraft der Ahnenwesen weiterhin im Land wirkt. Bestimmte Felsformationen, Wasserlöcher oder Bäume werden als Orte angesehen, an denen diese Ahnenwesen ruhen oder ihre Spuren hinterlassen haben.

Daher ist es für viele Aborigines von großer Bedeutung, diese Orte zu schützen und regelmäßig Zeremonien abzuhalten. Das Singen von Gesängen, das Tanzen und das Weitererzählen der Geschichten halten die Verbindung zur Traumzeit lebendig. Diese Traditionen wurden über Jahrtausende weitergegeben und sind bis in die heutige Zeit bewahrt geblieben – auch wenn wir in diesem Buch nicht die Gegenwart behandeln, erkennen wir hier die lange Kontinuität dieser Glaubensvorstellungen.

Kunst und Ausdrucksformen

Die Kunst der Aborigines ist weltweit bekannt, insbesondere die Punktmalereien aus Zentralaustralien und die Röntgenmalereien im Norden. Doch nicht alle Kunstformen der Aborigines wurden auf Felsen oder Rinde gemalt. Es gab auch geschnitzte Objekte, Körperbemalungen und sandige Bodenzeichnungen.

Die berühmten Punktmalereien entstanden aus dem Bedürfnis heraus, geheimes Wissen zu schützen. Durch die vielen Punkte wird das eigentliche Muster, das eine heilige Bedeutung haben kann, verschlüsselt. Die Farben stammen oft aus natürlichen Pigmenten, wie Ocker, Kohle oder Kreide. Jede Farbe hatte ihre eigene Bedeutung. Rot konnte zum Beispiel für Blut oder Leben stehen, Weiß für Geist oder Knochen.

Die Röntgenmalereien in den nördlichen Regionen, besonders im Kakadu-Gebiet, stellen Tiere oder Menschen dar, als könne man durch ihre Haut hindurchsehen. Man erkennt Knochen oder Organe. Diese Kunstwerke zeigen ein tiefes Verständnis für die Natur und die Anatomie der Tiere. Sie dienen häufig als Lehrmittel, um Kindern zu zeigen, wie man ein Tier am besten jagt oder welche Teile essbar sind.

Zeremonien und Rituale

Ein wichtiger Bestandteil des Aborigines-Lebens waren (und sind) Zeremonien und Rituale. Diese konnten verschiedene Zwecke haben. Manche Zeremonien dienten dazu, das spirituelle Gleichgewicht zu erhalten, andere markierten Übergänge im Leben eines Menschen, wie zum Beispiel vom Kind zum Erwachsenen.

Für solche Rituale gab es oft bestimmte Tanz- und Gesangsformen. Die Lieder erzählten von den Ahnenwesen und deren Taten. Die Menschen bemalten ihre Körper mit verschiedenen Mustern. Diese Muster stellten entweder ihre Zugehörigkeit zu einer bestimmten Gruppe dar oder verwiesen auf die Traumzeit-Geschichten, die in dieser Zeremonie besonders wichtig waren.

Auch Musik und Instrumente spielten eine Rolle. Das bekannteste Instrument der Aborigines ist das Didgeridoo, ein langes Blasinstrument aus Holz, meist aus dem Stamm oder Ast eines ausgehöhlten Eukalyptusbaumes gefertigt. Der tiefe, dröhnende Klang des Didgeridoo wird oft mit anderen rhythmischen Instrumenten wie Clapsticks begleitet. Clapsticks sind einfache Hölzer, die aneinandergeschlagen werden und so den Takt angeben.

Essen und Gemeinschaft

Da viele Aborigines-Gemeinschaften als Jäger und Sammler lebten, spielten Nahrungssuche und -verarbeitung eine zentrale Rolle. Die Ernährung war sehr vielfältig: An den Küsten gab es Fisch, Muscheln und Krustentiere. In den Wäldern wurden kleinere Säugetiere, Reptilien und Vögel gejagt. Auch viele Pflanzen, Samen und Wurzeln gehörten zum Speiseplan.

Ein bekannter Begriff in diesem Zusammenhang ist "Bush Tucker", womit Nahrung aus der Wildnis gemeint ist. Bush Tucker kann verschiedene Formen annehmen. Von Buschpflaumen über Honigameisen bis hin zu Maden der Witchetty-Motte gibt es eine breite Palette von Essbarem, das in der australischen Natur zu finden ist.

In vielen Gemeinschaften war das Essen eng mit Ritualen verbunden. Bevor man ein Tier tötete, bedankte man sich womöglich bei den Ahnenwesen. Nach dem Fang oder Sammeln teilte man die Nahrung unter den Familienmitgliedern auf. Jeder bekam seinen Anteil, und es war wichtig, dass niemand leer ausging. Dieses Teilen stärkte den Zusammenhalt der Gruppe und sorgte dafür, dass Wissen über das Land und dessen Ressourcen weitergegeben wurde.

Familienleben und Erziehung

In Aborigines-Gemeinschaften spielte die Großfamilie eine große Rolle. Kinder wuchsen nicht nur mit ihren Eltern auf, sondern auch mit Tanten, Onkeln, Großeltern und anderen Verwandten. Jeder Erwachsene hatte eine Verantwortung für die Kinder, sei es in der Vermittlung von Wissen, in der Fürsorge oder im Spiel.

Die Kinder lernten viel durch Beobachtung und Nachahmung. Während die Erwachsenen jagten, sammelten oder Dinge herstellten, schauten die Kinder zu. Nach und nach durften sie selbst einfache Aufgaben übernehmen. So wuchsen sie in die Rolle der Erwachsenen hinein.

Ein wichtiger Schritt war die Initiation, also die feierliche Aufnahme der Kinder in die Gemeinschaft der Erwachsenen. Diese Rituale, die oft während der Pubertät stattfanden, wurden von vielen Gesängen, Tänzen und Weisungen begleitet. Die Jugendlichen erfuhren in dieser Zeit geheime Geschichten oder spezielle Aspekte der Traumzeit, die nur Erwachsenen vorbehalten waren.

Bewahrung des Wissens

Da es in diesen Gemeinschaften keine Schrift gab, war das mündliche Weitergeben von Geschichten und Regeln entscheidend. Lieder, Tänze und Bilder auf Felsen oder Rinde waren die wichtigsten Wege, um Wissen für spätere Generationen festzuhalten.

Viele Geschichten überlebten auf diese Weise tausende von Jahren. Das belegt, wie stark das Erzählen und das Weitergeben von Traditionen in diesen Kulturen verankert war. Auch das Land selbst war ein Gedächtnisspeicher: Jeder Felsvorsprung, jeder Wasserlauf konnte an eine bestimmte Geschichte oder Legende gebunden sein.

Die Menschen nutzten "Songlines", also Lieder, die eine Route durch das Land beschreiben. Wer dieses Lied kannte, konnte sich auch in fremdem Gebiet zurechtfinden. Denn das Lied nannte bestimmte Orientierungspunkte, die der Reisende wiedererkannte. So konnte man sich auf weiten Strecken zurechtfinden, ohne Landkarten verwenden zu müssen.

Medizin und Heilmethoden

Die Aborigines verfügten über ein umfassendes Wissen in der Nutzung von Heilpflanzen und natürlichen Mitteln. Bestimmte Blätter oder Rinden wurden gekaut, gekocht oder verbrannt, um Schmerzen zu lindern. Manche Pflanzen wirkten desinfizierend, andere halfen gegen Bauchschmerzen, Fieber oder Hautausschläge.

Auch das Wissen über Massagen und die Kraft bestimmter Rituale war verbreitet. Shamans oder Heiler waren Personen, die als Vermittler zwischen der spirituellen und der materiellen Welt galten. Sie konnten sich mit den Ahnenwesen verbinden oder sie in Träumen um Rat fragen.

Auf diese Weise trugen sie zum seelischen Gleichgewicht der Gruppe bei. Glaube und Heilung waren eng miteinander verknüpft. Körperliches Leid wurde oft auch als Zeichen gesehen, dass man in den Augen der Ahnen etwas falsch gemacht hatte oder dass eine bestimmte Zeremonie nötig war, um wieder ins Gleichgewicht zu kommen.

Gemeinschaftsregeln und Konfliktlösung

Trotz der großen Vielfalt gab es in vielen Aborigines-Gemeinschaften ähnliche Grundregeln. So waren gegenseitiger Respekt und die Weitergabe von Wissen zentrale Werte. Konflikte innerhalb einer Gruppe wurden oft durch ein Treffen der Ältesten besprochen. Diese älteren, erfahrenen Personen hörten die verschiedenen Seiten an und entschieden, wie ein Streit geschlichtet werden konnte.

Strafen waren nicht auf den ersten Blick zu erkennen, wie wir es vielleicht aus schriftlich festgehaltenen Gesetzbüchern kennen. Vielmehr waren sie in Zeremonien eingebettet. Wer gegen Regeln verstieß, musste womöglich eine Weile das Lager verlassen oder erhielt andere Auflagen. Aber insgesamt versuchte man, den Frieden in der Gruppe zu erhalten und die Gemeinschaft nicht zu spalten.

Auch zwischen verschiedenen Stämmen gab es Austausch. Man traf sich zum Handelsaustausch oder zum gemeinsamen Jagen. Dabei konnte man sich gegenseitig Geschenke machen, wie Werkzeuge, Muschelschalen oder heilige Gegenstände. Diese Beziehungen halfen, das Wissen über andere Regionen zu erweitern und Feindschaften zu vermeiden.

Wandel vor der europäischen Ankunft

Auch wenn die Aborigines-Kulturen sehr alt sind, heißt das nicht, dass sie sich nie verändert haben. Über die Jahrtausende gab es immer wieder Veränderungen. Zum Beispiel änderten sich Jagdtechniken, wenn bestimmte Tiere in einer Region seltener wurden. Oder die Kunststile veränderten sich mit neuen Ideen, die von Handelsreisen oder Treffen mit anderen Stämmen stammten.

Vor der Ankunft der Europäer hatte es bereits Kontakte mit anderen Völkern gegeben. Besonders im Norden von Australien gab es Handelsbeziehungen mit Fischern aus den heutigen Regionen Indonesiens oder Neuguineas. Diese brachten möglicherweise neue Pflanzen oder Werkzeuge mit, die dann in Australien verbreitet wurden.

Trotzdem blieb der Kern der Aborigines-Kulturen weitgehend erhalten. Ihre tiefe Bindung zum Land, die mündliche Weitergabe von Wissen und die enge Gemeinschaftsstruktur sorgten dafür, dass auch große Umbrüche gemeistert werden konnten.

KAPITEL 3: FRÜHE SICHTUNGEN UND EUROPÄISCHE VORSTELLUNGEN

Einleitung

Lange bevor die Briten begannen, Australien gezielt zu erkunden, gab es bereits Gerüchte über einen großen südlichen Kontinent. Viele Seefahrer und Gelehrte in Europa glaubten an die Existenz eines Landes, das man oft als „Terra Australis Incognita" bezeichnete. Der Name bedeutet so viel wie „unbekanntes südliches Land". Einige Karten aus dem Mittelalter und der frühen Neuzeit stellten dieses Land bereits schemenhaft dar, obwohl man kaum verlässliche Informationen darüber hatte.

Diese Vorstellungen entstanden teils aus reiner Neugier, teils aus wirtschaftlichen Interessen. Europäische Händler suchten nach neuen Wegen, um wertvolle Gewürze, Edelmetalle und andere Handelsgüter zu finden. Wenn sich herausstellen würde, dass dort im Süden ein reicher Kontinent lag, könnten neue und lukrative Routen erschlossen werden.

In diesem Kapitel betrachten wir, welche frühen Sichtungen es wirklich gab und wie die Vorstellung über Australien in Europa langsam konkretere Formen annahm. Wir gehen auf portugiesische, niederländische und englische Seefahrer ein, die sich an die unbekannten Küsten wagten. Außerdem werden wir sehen, wie diese Entdeckungen in Europa aufgenommen wurden und welchen Einfluss sie auf spätere Expeditionen hatten.

Die Idee von Terra Australis Incognita

Schon in der Antike gab es Gelehrte, die vermuteten, dass auf der Südhalbkugel ein großer Kontinent existieren müsse, um das Gleichgewicht der Erde zu wahren. Im Laufe des Mittelalters ging diese Idee nicht ganz verloren. Sie wurde in manchen Karten weitergeführt, allerdings ohne genau zu wissen, was man da eigentlich einzeichnete.

Mit dem Zeitalter der Entdeckungen im 15. und 16. Jahrhundert kamen neue Berichte über entfernte Länder hinzu. Europäische Seemächte wie Portugal und Spanien führten Fahrten rund um Afrika, nach Indien und in den Pazifik durch. Sie trafen auf neue Völker, fremde Pflanzen und unbekannte Tiere. Dabei hofften sie auch, das sagenumwobene Südland zu finden.

Während dieser Reisen entstanden oft Gerüchte. Manche Seeleute berichteten von Küsten, die sie nur aus weiter Ferne gesehen hatten. Andere erzählten von geheimnisvollen Inseln, die weder richtig kartiert noch genauer untersucht wurden. So blieb Australien lange Zeit ein Mythos, der in den Köpfen existierte, aber auf den Seekarten höchstens als vage Andeutung zu finden war.

Mögliche portugiesische Sichtungen

Es wird gelegentlich spekuliert, dass portugiesische Seefahrer bereits im 16. Jahrhundert Teile Australiens erreichten. Belege dafür sind jedoch spärlich. Einige alte Karten, zum Beispiel die sogenannten „Dauphin-Karten" oder andere frühneuzeitliche Weltkarten, weisen Umrisse auf, die entfernt an Australien erinnern. Ob diese Abbildungen tatsächlich auf Landungen zurückgehen oder aus Fantasie und Hörensagen entstanden, ist bis heute unklar.

Die Portugiesen waren zu dieser Zeit führend in der Erforschung neuer Seewege. Sie umsegelten Afrika und gründeten

Handelsstationen in Indien und Südostasien. Von dort aus könnte es einzelne Fahrten gegeben haben, die sich weiter in Richtung Süden wagten, etwa nach Timor oder darüber hinaus. Es kann sein, dass dabei eine portugiesische Crew versehentlich an die Nordküste Australiens geriet. Doch eindeutige schriftliche Aufzeichnungen fehlen.

Weil verlässliche Dokumente fehlen, ist diese portugiesische Theorie zwar spannend, aber nur schwer beweisbar. Forscherinnen und Forscher streiten sich oft darüber, ob einige geheimnisvolle Funde, wie alte Steinkreuze oder Münzen, wirklich von Portugal stammen oder ob sie auf späteres Treibgut oder sogar Fälschungen zurückgehen.

Die Niederländer und die ersten echten Kartierungen

Deutlich besser belegt sind die Reisen niederländischer Seefahrer im 17. Jahrhundert. Die Niederländer hatten zu dieser Zeit ein starkes Handelsimperium aufgebaut, die Niederländische Ostindien-Kompanie (VOC). Ihre Schiffe steuerten regelmäßig den heutigen Raum Indonesiens an, um Gewürze und andere Waren nach Europa zu bringen. Auf diesen Routen trieb es manche Kapitäne weiter nach Osten oder Süden, und so kam es zu Begegnungen mit den Küsten des heutigen Australien.

- **Willem Janszoon (1606):** Er gilt als einer der ersten Europäer, die zweifelsfrei australisches Festland sahen. Mit seinem Schiff, der *Duyfken*, erkundete er 1606 den Golf von Carpentaria und setzte vermutlich bei der Westküste der heutigen Kap-York-Halbinsel seinen Fuß an Land. Dabei kam es auch zu Konflikten mit Einheimischen, weil beide Seiten einander fremd und eventuell feindlich gesinnt waren. Janszoons Schilderungen über das neue Land waren nicht sehr schmeichelhaft: Er berichtete von feindseligen

Bewohnern und karger Gegend.

- **Dirk Hartog (1616):** Dieser niederländische Seefahrer landete an der Westküste Australiens, wo heute Shark Bay liegt. Er hinterließ dort eine Metallplatte mit einer Inschrift, um seine Ankunft zu dokumentieren. Später fanden andere Seefahrer diese Platte oder fertigten Kopien davon an. Dieses Ereignis wird oft als eines der wichtigsten Zeugnisse früher europäischer Präsenz in Australien angesehen.

- **Frederick de Houtman und andere:**
  Mehrere niederländische Kapitäne kamen in den folgenden Jahren an verschiedene Abschnitte der Westküste. Sie beschrieben raue Küstenstreifen und notierten in ihren Logbüchern, was sie sahen. Meist handelte es sich um karge Landschaften, wenig Süßwasser und kaum nutzbare Ressourcen.

- **Abel Tasman (1642 und 1644):** Er erforschte große Teile des südlichen Meeres. Zunächst segelte er südlich des Kontinents und entdeckte das, was später nach ihm benannt wurde: Tasmanien. Er nannte es ursprünglich „Van Diemens Land". Später erreichte er auch Neuseeland. Auf einer zweiten Reise durchquerte er den Golf von Carpentaria, kam aber nicht bis tief ins Landesinnere. Seine Karten vervollständigten das Bild des nördlichen und westlichen Teils von Australien.

Durch die zahlreichen Reisen der Niederländer entstand langsam ein Umriss dessen, was damals „Neu-Holland" genannt wurde. Zwar waren die Küstenlinien nicht perfekt erfasst, aber Europa begann, sich ein genaueres Bild zu machen. Meist stellten die Niederländer ihre Schiffe jedoch auf dem Rückweg nach Batavia (dem heutigen Jakarta) nicht ab, um das unbekannte Land zu erforschen. Ihnen erschien es wirtschaftlich wenig reizvoll, da es keine reichen Häfen oder großen Bevölkerungszentren wie in Südostasien gab.

William Dampier und die ersten englischen Berichte

Auch englische Seefahrer zeigten allmählich Interesse an dem Gebiet südlich von Indonesien. William Dampier, ein englischer Freibeuter und Entdecker, spielte hier eine wichtige Rolle. Zuerst besuchte er den Nordwesten Australiens in den 1680er Jahren. Später, 1699, erhielt er von der britischen Regierung den Auftrag, das Gebiet genauer zu untersuchen. Er landete an der Westküste.

Dampier war jedoch nicht begeistert. Er fand das Land trocken und unwirtlich. In seinen Aufzeichnungen sprach er von dürren Büschen, wenigen Tieren und einer Bevölkerung, die in seinen Augen sehr „wild" wirkte. Er bemerkte aber auch, wie geschickt die dort lebenden Menschen sich an die harten Bedingungen angepasst hatten.

Seine Berichte waren in England teilweise auf Interesse gestoßen, doch erst einmal führte dies nicht zu größeren Siedlungsplänen. Das lag auch daran, dass das Mutterland Großbritannien zu dieser Zeit andere Gebiete im Blick hatte, wie Nordamerika oder Indien. Australien schien zu weit entfernt und wenig vielversprechend zu sein.

Europäische Vorstellungen vom Land und seinen Menschen

Diejenigen, die in Europa überhaupt von Australien hörten, stellten es sich oft als wildes, unwirtliches Gebiet vor. Sie sahen Karten mit bruchstückhaften Küstenlinien und lasen Reiseberichte von Seefahrern, die meist nur Schwierigkeiten beschrieben. Daher entstand der Eindruck, Australien sei karg, heiß und unfruchtbar.

Die Beschreibung der Aborigines war in vielen Fällen ebenfalls von Missverständnissen geprägt. Einige Berichte sprachen von „barbarischen" oder „rückständigen" Menschen, weil sie nicht die gleiche Kleidung trugen wie Europäer und keine festen Städte besaßen. Man verstand nicht, dass die Aborigines eine ganz eigene, hochentwickelte Kultur hatten, die auf mündlichen Überlieferungen, Jagd- und Sammeltechniken sowie einer tiefen Verbindung zum Land basierte.

In manchen Kreisen in Europa gab es aber auch romantische Fantasien: ein unentdecktes Paradies mit seltsamen Tieren und verborgenen Schätzen. Geschichten über exotische Vögel und Beuteltiere, die anderswo auf der Welt unbekannt waren, weckten die Neugier mancher Naturforscher. Sie wollten dorthin reisen, um neue Pflanzen und Tiere zu sammeln oder um geheime Bodenschätze zu finden.

Hindernisse für eine frühzeitige Kolonisation

Warum dauerte es dann so lange, bis Europa ernsthaft versuchte, Australien zu besiedeln? Mehrere Gründe spielten eine Rolle:

Große Entfernung: Australien lag sehr weit entfernt von Europa. Eine Reise über die Ozeane war gefährlich und dauerte viele Monate. Es war schwer, Nachschub und Kommunikation über solch große Distanzen aufrechtzuerhalten.

Unbekanntes Landesinnere: Die meisten Seefahrer, die Australien erreichten, hielten sich nur kurz an der Küste auf. Sie sahen Wüsten, Halbwüsten oder raue Strände. Es gab kaum Häfen und keine offensichtlichen Reichtümer. Niemand wusste, wie das Landesinnere aussah und ob dort vielleicht fruchtbarere Gebiete lagen.

Andere Prioritäten: Mächte wie Spanien, Portugal, die Niederlande, Frankreich und England waren bereits in Amerika, Afrika und Asien aktiv. Dort hatte man Gold, Silber, Gewürze oder andere wertvolle Güter gefunden. Australien dagegen schien nicht rentabel zu sein.

Fehlende Informationen: Die Berichte über Australien waren teils widersprüchlich. Manche Seefahrer berichteten von wüstenähnlichen Zuständen, andere erwähnten freundliche Küstenabschnitte. Es war schwierig für europäische Regierungen, auf einer solchen Grundlage Entscheidungen über teure Expeditionen zu treffen.

Die Rolle von Wissenschaft und Entdeckungsdrang

Trotz dieser Hindernisse wuchs in Europa gegen Ende des 17. und besonders im 18. Jahrhundert das wissenschaftliche Interesse an Australien. Das Zeitalter der Aufklärung brachte viele Forscher hervor, die mehr über die Welt erfahren wollten. Naturwissenschaftler, Astronomen und Geographen fragten sich, was in diesen unbekannten Regionen zu finden sei.

In manchen Akademien wurde lebhaft diskutiert, ob es in Australien große Flüsse gab oder vielleicht sogar riesige Städte, von denen man nichts wusste. Andere meinten, man müsste unbedingt die Pflanzen und Tiere dort studieren, weil sie offenbar sehr ungewöhnlich waren.

Auf diese Weise bildete sich ein Kreis von Leuten, die Australien genauer untersuchen wollten. Sie betrieben aber vorerst nur Forschung auf Papier, diskutierten Karten, lasen Reiseberichte und tauschten sich mit Matrosen aus, die dort gewesen waren. So wuchs langsam das Wissen über den Kontinent an.

Die Bedeutung des Seehandels

Im 18. Jahrhundert wurde der Seehandel zwischen Europa und Asien immer wichtiger. Dabei spielte Australien immerhin eine strategische Rolle als möglicher Stützpunkt. Wer dort einen Hafen hätte, könnte Zwischenstopps einlegen, um Wasser und Proviant aufzufüllen oder Reparaturen durchzuführen.

Besonders für die Briten, die in Indien zunehmend an Einfluss gewannen, war die Route durch den Indischen Ozean von Bedeutung. Sie mussten auch darauf achten, dass keine andere europäische Macht ihnen dort zuvorkam und eventuell strategisch günstige Punkte besetzte.

So wuchs das strategische Interesse an Australien. Es war nicht nur das Land selbst, das zählte, sondern auch seine Lage auf dem Globus. Die Briten wollten ihren Einfluss in der Region erweitern, wenn es einmal zu Konflikten kommen sollte.

Frankreichs Neugier auf das südliche Land

Zu erwähnen ist auch das Interesse Frankreichs. Mehrere französische Forscher und Seefahrer wurden ins Rennen geschickt, um Teile Australiens zu erforschen und zu kartieren. Zum Beispiel Jean-Baptiste Bouvet de Lozier, Louis Antoine de Bougainville oder Jean-François de La Pérouse waren französische Entdecker, die große Teile der Weltmeere bereisten.

La Pérouse etwa kam in den späten 1780er Jahren mit seinen Schiffen in die Nähe der australischen Küsten. Er untersuchte vor allem Regionen im Pazifik, traf jedoch auch auf Briten, die bereits eigene Pläne verfolgten. Im Laufe der Zeit entwickelte sich fast ein Wettlauf zwischen Frankreich und Großbritannien. Beide wollten Forschungsreisen unternehmen und beanspruchten neue Landstriche.

Allerdings wurde Frankreich durch die Französische Revolution und die darauf folgenden Kriege im späten 18. Jahrhundert abgelenkt. So fiel es den Briten leichter, sich in Australien zu etablieren, ohne gleich mit den Franzosen konkurrieren zu müssen.

Kapitän James Cook und die Wende

Die wohl berühmteste Reise, die den Briten den Ausschlag für eine spätere Besiedlung gab, war die Fahrt von Kapitän James Cook im Jahr 1770. Mit seinem Schiff, der HMS *Endeavour*, segelte er zunächst nach Tahiti, um eine astronomische Beobachtung durchzuführen. Danach erforschte er die Küste Neuseelands und segelte schließlich nach Westen, bis er die Ostküste Australiens erreichte.

Cook landete an verschiedenen Orten entlang dieser Küste und nahm formell Besitz im Namen des britischen Königs. Er nannte das Gebiet „New South Wales". Seine Berichte waren von großer Bedeutung für die britische Regierung. Er beschrieb weite, scheinbar fruchtbare Landschaften, die er an der Ostküste gesehen hatte, freundliche Strände und Wälder mit vielen Pflanzen und Tieren.

Zwar traf er auch auf Aborigines, doch der Kontakt blieb zumeist kurz. Cook hatte keine genauen Informationen darüber, wie viele Menschen im Innern lebten oder wie deren Lebensweise war. Dennoch erweckten seine Schilderungen das Interesse in London.

Man sah zum ersten Mal die Möglichkeit, dort Ackerbau zu betreiben und vielleicht sogar Siedlungen zu gründen.

Wandel der Einstellungen in Europa

Mit Cooks Reise änderte sich die Sicht auf Australien allmählich. Man erkannte, dass es nicht nur wüstenähnliche Westküsten gab, sondern auch sehr unterschiedliche Regionen. Die Vorstellung von einem kargen Land wurde nun ergänzt durch Berichte von grünen Tälern, Flüssen und einem angenehmen Klima im Osten.

Zudem stand Großbritannien nach dem Verlust seiner amerikanischen Kolonien (der amerikanische Unabhängigkeitskrieg endete 1783) vor dem Problem, wohin man in Zukunft Strafgefangene schicken sollte. Zuvor hatte man sie oft nach Nordamerika verbannt, aber das war nun nicht mehr möglich. Also schaute man sich andere Orte an. Australien, so meinte man, könnte ein passender Ort sein, um eine neue Strafkolonie zu gründen.

Auch andere Nationen blieben nicht untätig. Spanien und Portugal hatten zwar ihre festen Besitzungen in Süd- und Mittelamerika, schauten aber teils auch auf den Pazifik. Frankreich schickte erneut Expeditionen aus, doch sie kamen nie so weit, eine Kolonie in Australien zu errichten.

Neue Karten und das wachsende Interesse

Nach Cooks Reise erstellte man in Europa neue Karten von Australien. Diese waren genauer und zeigten die Ostküste, die man zuvor kaum gekannt hatte. Wissenschaftler und Geographen studierten Cooks Tagebücher und seine Beobachtungen über Flora und Fauna.

Interessanterweise löste die Existenz von Kängurus, Schnabeltieren und anderen seltsamen Tieren Staunen in Europa aus. Plötzlich war

Australien nicht mehr nur ein ferner Fleck auf der Landkarte. Es wurde zu einem Objekt der Neugier, das Naturforscher und Abenteurer anzog.

Erste Ideen zu Siedlungsprojekten

Schon in den frühen 1770er Jahren dachte Cook selbst darüber nach, dass man in Australien Siedlungen gründen könnte. Allerdings starb Cook 1779, bevor konkrete Pläne umgesetzt wurden. Andere britische Offiziere und Politiker griffen seine Ideen später auf.

Man kann sich vorstellen, wie in London in kleinen Kreisen darüber debattiert wurde, ob eine Kolonie in dieser unbekannten Welt überhaupt funktionieren könne. Schätzungen über das Klima oder die Bodenfruchtbarkeit fußten meist nur auf kurzen Besuchen. Dennoch setzte sich die Idee durch, dass man es versuchen sollte.

Es gab noch kein klares Konzept, wie die Aborigines in diesem Prozess einbezogen werden sollten. Viele Briten dachten damals irrtümlich, das Land gehöre niemandem, weil sie keine Felder oder festen Häuser wie in Europa sahen. Sie sprachen deshalb von „Terra nullius", was so viel bedeutet wie „Niemandsland". Dass hier schon seit vielen Jahrtausenden Menschen lebten, wurde ignoriert oder nicht verstanden.

KAPITEL 4: DIE ANKUNFT DER BRITEN UND DIE GRÜNDUNG VON KOLONIEN

Einleitung

Als Großbritannien beschlossen hatte, Australien als Standort für eine neue Strafkolonie zu nutzen, machte man sich an die praktischen Vorbereitungen. So begann eine große Unternehmung, die als „First Fleet" in die Geschichte einging. Eine Flotte von Schiffen, beladen mit Sträflingen, Soldaten und Vorräten, machte sich 1787 auf den Weg, um an der Ostküste das erste britische Lager aufzuschlagen.

In diesem Kapitel betrachten wir den Verlauf dieser Reise, die Auswahl des Landeplatzes und die ersten Schritte der Kolonisten. Wir werden sehen, wie schwer die Anfangszeit war und welche Rolle die Aborigines dabei spielten. Außerdem werfen wir einen Blick auf die Entstehung der späteren Kolonien und wie sich nach und nach neue Siedlungen bildeten.

Die First Fleet macht sich auf den Weg

Die sogenannte „First Fleet" bestand aus elf Schiffen. Ihr Startpunkt war Portsmouth in England, und das Datum war der 13. Mai 1787. An Bord befanden sich über 700 Sträflinge, dazu Marinesoldaten, Offiziere, Ärzte, Handwerker und einige Frauen und Kinder. Das Kommando führte Kapitän Arthur Phillip, der später der erste Gouverneur der neuen Kolonie werden sollte.

Die britische Regierung sah darin eine Lösung für das Problem überfüllter Gefängnisse. Viele Menschen in England lebten damals in Armut und wurden oft für kleinere Vergehen zu langen Strafen verurteilt. Nordamerika war als Ziel für die Strafgefangenen durch den Unabhängigkeitskrieg verloren, also suchte man nach Alternativen. Australien erschien als geeigneter Ort, auch wenn man nicht wusste, ob die Sträflinge dort überhaupt überleben oder sich versorgen konnten.

Die Reise dauerte viele Monate. Die Schiffe mussten über den Atlantik nach Südamerika, dann um das Kap der Guten Hoffnung im Süden Afrikas und schließlich durch den Indischen Ozean nach Australien segeln. Unterwegs litten viele Menschen an Krankheiten oder Mangelerscheinungen. Es gab Stürme und andere Gefahren. Dennoch erreichte die Flotte im Januar 1788 den Zielort, die Botany Bay an der Ostküste Australiens.

Von Botany Bay zu Port Jackson

Ursprünglich hatte man vor, in Botany Bay die Kolonie zu gründen, weil James Cook diese Bucht als vielversprechenden Ort beschrieben hatte. Doch als Arthur Phillip und seine Leute ankamen, stellte sich heraus, dass die Bedingungen nicht so ideal waren. Der Boden schien ungeeignet für Landwirtschaft, und es gab nicht genügend sauberes Wasser.

Deshalb segelte Phillip ein Stück weiter nach Norden. Dort lag Port Jackson, eine weitläufige Bucht mit guten Ankerplätzen und einer Süßwasserquelle am Ufer. Phillip war von diesem Naturhafen beeindruckt und beschloss, hier die neue Siedlung zu errichten. Den Ort nannte er „Sydney Cove", zu Ehren des britischen Innenministers Lord Sydney.

So landete die First Fleet schließlich am 26. Januar 1788 in Sydney Cove. Dieses Datum wird später zum Australiaday erklärt (ohne in die Gegenwart zu gehen, kann man sagen, dass der 26. Januar in der australischen Erinnerungskultur eine wichtige Rolle spielt). Phillip und seine Leute begannen, Zelte und einfache Hütten zu bauen und die Gegend zu erkunden.

Erste Begegnungen mit den Aborigines

Die Gegend um Port Jackson war das Land der Eora, einer Aborigines-Gemeinschaft, die dort seit langer Zeit lebte. Als die Briten eintrafen, beobachteten die Eora das Geschehen aus einer gewissen Entfernung. Anfänglich gab es wenige direkte Zusammenstöße. Manchmal kamen neugierige Eora an das Lager, um die Neuankömmlinge zu begutachten.

Doch bald entstanden Missverständnisse und Konflikte. Die Briten dachten, das Land sei frei zur Besiedlung. Die Eora dagegen sahen, dass Fremde ihre Jagdgebiete beanspruchten und Tiere vertrieben. Zudem schleppten die Europäer Krankheiten ein, gegen die die Aborigines kaum Abwehrkräfte besaßen.

Gouverneur Phillip bemühte sich zwar, friedliche Beziehungen aufzubauen, aber das gelang nur teilweise. Es fehlte an einem tiefen Verständnis für die Kultur der Eora und anderer Stämme in der Region. Gleichzeitig hatten die Briten mit großen Schwierigkeiten in der eigenen Siedlung zu kämpfen, sodass kaum Zeit und Kraft blieb, um einfühlsame Kontakte zu pflegen.

Die schwierigen Anfänge der Kolonie

Das Leben in den ersten Monaten war hart. Die Sträflinge und Soldaten litten unter dem ungewohnten Klima, das oft heiß und feucht war. Der Boden war steinig, und viele Pflanzen waren ihnen fremd. Man versuchte, Getreide anzubauen, doch die Erträge waren gering.

Auch die Nahrungsmittel gingen schnell zur Neige. Man hatte gehofft, dass sich die Siedler selbst versorgen könnten, aber das erwies sich als schwer. Fischen, Jagen und Sammeln brachten nicht genug ein, um alle Mägen zu füllen.

Zudem gab es Disziplinprobleme. Manche Sträflinge versuchten zu fliehen, obwohl sie kaum wussten, wohin. Andere verweigerten die harte Arbeit oder stahlen Vorräte. Gouverneur Phillip führte strenge Strafen ein, um die Ordnung zu wahren. Das war für viele Menschen eine äußerst harte Zeit, und einige starben an Hunger oder Krankheiten.

Langsam begann man aber, Ausdauer zu zeigen. Man legte kleine Gärten an, pflanzte Gemüse und Obstbäume, und baute erste Steinhäuser. Gleichzeitig entstanden Wege und Straßen, um die Siedlung etwas zu strukturieren.

Kontakte zur Außenwelt

Die Kolonisten waren weit entfernt von ihrer Heimat. Dennoch erreichten gelegentlich Schiffe aus England den neuen Hafen, wenn auch in unregelmäßigen Abständen. Sie brachten neue Gefangene, aber auch Nachschub an Kleidung, Werkzeugen und Lebensmitteln.

Als die Berichte über die schwierigen Bedingungen in Sydney Cove nach England gelangten, war man besorgt. Man wollte schließlich nicht, dass die gesamte Expedition scheiterte. Deshalb versuchte man, mehr Hilfe zu organisieren und weitere Schiffe zu schicken. Doch die Kommunikation dauerte Monate, und in dieser Zeit mussten die Menschen vor Ort selbst klarkommen.

Einige Walfang- und Robbenfänger aus den Vereinigten Staaten oder anderen Ländern kamen zufällig in die Gewässer, um entlang der Küsten zu jagen. Auch manche Handelsschiffe, die nach Indien oder China unterwegs waren, steuerten Port Jackson an, um Wasser und

Proviant aufzufüllen. Das brachte gelegentlich neue Waren oder Informationen in die Kolonie.

Neue Siedlungen: Parramatta und Rose Hill

Da Sydney Cove nicht ausreichend fruchtbare Flächen bot, erkundete man das Umland. Bald fand man entlang des Parramatta River besseres Ackerland. Dort gründete man eine zweite Siedlung, die zunächst „Rose Hill" hieß und später in „Parramatta" umbenannt wurde.

In Parramatta konnte man Felder anlegen, die ertragreicher waren als in Sydney Cove. Trotzdem blieb die Landwirtschaft eine Herausforderung. Das Klima war anders als in England, und europäische Nutzpflanzen mussten erst an die lokalen Bedingungen angepasst werden. Oft litten die Siedlungen unter Dürreperioden, in denen die Ernten verdorrten, oder unter Überschwemmungen, wenn starke Regenfälle die Flüsse ansteigen ließen.

Viele Sträflinge wurden in Parramatta eingesetzt, um auf den Feldern zu arbeiten. Manche erhielten nach Ablauf ihrer Strafe kleine Landstücke, die sie selbst bewirtschaften konnten. So hoffte man, einen Anreiz für harte Arbeit zu schaffen und gleichzeitig die junge Kolonie zu stärken.

Weitere Kolonien und Ausweitung des Territoriums

In den folgenden Jahren entstanden noch mehr Siedlungen entlang der Küste und im Landesinneren von New South Wales. Zum Beispiel bildete sich eine Gemeinschaft in der Nähe von Norfolk Island, einer Insel östlich von Australien, weil man dort hoffte, Flachs und andere Rohstoffe zu gewinnen.

Später kamen auch andere Regionen in den Blick. Zum Beispiel wurde in Tasmanien (damals „Van Diemen's Land") 1803 eine Kolonie gegründet, um einer möglichen französischen Besetzung zuvorzukommen. Nach und nach verteilten sich die Briten also über mehrere Orte, sodass der Kontinent allmählich stärker erschlossen wurde.

Diese Ausweitung brachte aber auch immer mehr Konflikte mit den Aborigines. Je weiter die Europäer ins Land vordrangen, desto stärker drängten sie die einheimische Bevölkerung von ihren angestammten Gebieten ab.

Die Rolle von Gouverneur Arthur Phillip

Gouverneur Phillip war von Anfang an das Oberhaupt der Kolonie in New South Wales. Er galt als ein relativ gerechter Verwalter, der sich bemühte, Sträflinge und Soldaten gleichermaßen zu behandeln. Phillip wollte, dass die Strafgefangenen eine Chance bekamen, sich zu resozialisieren und ein neues Leben aufzubauen.

Er legte zudem Wert auf friedliche Beziehungen zu den Aborigines, soweit das unter den Umständen möglich war. Trotzdem blieb die Kommunikation schwierig, und sein Einfluss war begrenzt. Nicht alle Offiziere teilten seine Ansichten, und Konflikte ließen sich oft nicht vermeiden.

Nach einigen Jahren, als sich die Kolonie ein wenig stabilisiert hatte, kehrte Phillip nach England zurück. Andere Gouverneure folgten, von denen jeder seine eigene Politik verfolgte. Manche waren härter im Umgang mit Sträflingen oder den Aborigines, andere zeigten Verständnis für lokale Belange.

Das Leben der Sträflinge und freien Siedler

Die meisten Menschen, die in der Anfangszeit nach Australien kamen, waren Sträflinge. Sie mussten im Lager arbeiten und durften nur eingeschränkt über ihr Leben bestimmen. Einige begnügten sich damit, ihre Strafe abzusitzen. Andere versuchten, sich durch Fleiß oder Talent einen besseren Stand zu erarbeiten.

Wenn ihre Haftzeit endete, konnten sie zu freien Siedlern werden. Dann bekamen sie manchmal ein Stück Land oder eine Anstellung. Auf diese Weise entstand eine bunte Gemeinschaft aus ehemaligen Sträflingen, Soldaten, Verwaltungsangestellten und später auch freien Einwanderern, die freiwillig ihr Glück in Australien suchten.

Die soziale Ordnung war hier anders als im Mutterland. Zwar gab es weiterhin deutliche Hierarchien, aber die Grenzen waren durchlässiger. Ein kluger und fleißiger Ex-Häftling konnte unter Umständen mehr erreichen als in England. Das zog in späteren Jahren auch Abenteurer und Arme an, die auf der Suche nach einer zweiten Chance waren.

Verkehr und Kommunikation in der frühen Kolonie

In der Anfangszeit war die Infrastruktur sehr einfach. Man hatte kaum Straßen, und der Transport von Waren erfolgte oft per Boot über Flüsse oder die Küste entlang. Pferde und Ochsen waren rar, und viele Strecken mussten zu Fuß bewältigt werden.

Wenn man weiter ins Landesinnere wollte, stieß man auf dichte Wälder, Buschland oder felsige Hügel. Dort lebten Aborigines, die das Gebiet genau kannten, während die Europäer sich oft verirrten. Spätestens als die Kolonie wuchs und Menschen neue Orte erschließen wollten, wurden Erkundungstouren ins Landesinnere unternommen, um Pässe über die Blue Mountains oder andere Gebirgszüge zu finden.

Dennoch spielte Sydney Cove als Hafen weiterhin die zentrale Rolle. Hier kamen die Schiffe an, und von hier aus leitete die Kolonialregierung den weiteren Ausbau. Die Kommunikation mit England war schwierig, weil Briefe und Nachrichten oft erst nach Monaten ankamen – wenn überhaupt.

Gesundheitliche und klimatische Herausforderungen

Das ungewohnte Klima führte zu Krankheiten wie Durchfall, Skorbut (Vitamin-C-Mangel), Fieber und anderen Leiden. Außerdem gab es Insekten, Schlangen und andere Tiere, die den Neuankömmlingen Probleme bereiteten. Viele Menschen starben in den ersten Jahren, ehe sich langsam eine Grundversorgung etablieren konnte.

Man baute Krankenstationen und versuchte, Heilpflanzen zu finden, die in Australien wuchsen. Europäische Ärzte stießen jedoch schnell an ihre Grenzen, da sie nicht viel über die heimische Flora wussten. Manche Aborigines besaßen Wissen über Heilmethoden, doch ein Austausch mit ihnen fand nur selten statt oder wurde nicht verstanden.

Gerade Schwangere, Kinder und ältere Menschen litten unter den harten Bedingungen. Die Kolonie war kein Ort für ein unbeschwertes Leben, sondern forderte viel Durchhaltevermögen.

Wechselwirkung mit der Aborigines-Kultur

Während die Kolonisten ihre Stadt ausbauten, veränderte sich gleichzeitig das Leben der Aborigines in der Region dramatisch. Viele wurden von Krankheiten wie Pocken dahingerafft, die Europäer eingeschleppt hatten. Andere verloren ihre Lebensgrundlage, weil die Siedler das Land für Weideflächen und Ackerbau nutzten.

Gleichzeitig gab es einzelne Fälle von Freundschaft und Zusammenarbeit. Einige Aborigines unterstützten die Europäer als Fährleute, als Späher oder als Ratgeber, wenn es darum ging, bestimmte Pfade im Busch zu finden. Doch solche positiven Beispiele reichten nicht, um den großen Konflikt zu vermeiden, der aus Landraub und kulturellen Missverständnissen resultierte.

Viele Aborigines zogen sich weiter ins Hinterland zurück, andere wehrten sich mit Gewalt gegen die Eindringlinge. Die Briten wiederum reagierten oft mit Strafen und Vergeltungsaktionen. So begann ein langer Prozess der Verdrängung und Marginalisierung, der in späteren Jahrzehnten noch an Härte gewinnen sollte.

Die Entwicklung der Verwaltungsstrukturen

In Sydney baute man nach und nach Verwaltungsgebäude, Lagerhäuser und Befestigungen. Es gab eine kleine Garnison von Soldaten, die für Sicherheit sorgen sollte, doch diese Soldaten waren oft ebenfalls schlecht ausgerüstet und litten unter dem Mangel an Versorgung.

Gouverneur und Offiziere entwickelten Regeln und Vorschriften für das Siedlungsleben: Wer durfte Land haben, wie wurden Streitigkeiten geregelt, welchen Lohn bekamen die Aufseher, etc. Auch das Strafsystem wurde fortgeführt. Wer sich nicht an die Gesetze hielt, musste mit Auspeitschung oder weiteren Jahren an Zwangsarbeit rechnen.

Im Laufe der Zeit entstanden Gerichte, eine rudimentäre Polizei und andere Institutionen, die an das englische System angelehnt waren. Trotzdem war alles im Aufbau begriffen und oft von Korruption oder Willkür geprägt.

Weitere Ströme von Sträflingen

Bis ins 19. Jahrhundert hinein schickte England Tausende von Sträflingen nach Australien. Die Kolonien wuchsen damit stetig an Bevölkerungszahl. Gleichzeitig kamen mehr und mehr freie Einwanderer, die nicht als Häftlinge, sondern als Siedler ihr Glück versuchten. Manche eröffnete kleine Geschäfte, andere begannen mit Viehzucht oder gründeten Handwerksbetriebe.

Dieser Mix aus verurteilten Kriminellen, Soldaten, Beamten und freien Siedlern machte die Gesellschaft sehr unterschiedlich zu dem, was man aus Europa kannte. Es gab Menschen, die in England als „Abschaum" galten, hier aber wichtige Aufgaben in der Gemeinschaft übernahmen. Ebenso gab es Offiziere, die sich unantastbar fühlten, und Neueinwanderer, die eigene Ideen mitbrachten.

Erste Erfolge und Ausblick auf neue Kolonien

Trotz aller Schwierigkeiten gelang es den Briten, in Sydney und Umgebung eine halbwegs stabile Infrastruktur aufzubauen. Felder, Werkstätten, erste Kirchen und Schulen entstanden. Der Hafen belebte sich allmählich, denn Handelsschiffe brachten neue Waren, und Produkte aus der Kolonie – etwa Robbenfelle, Walfischöl oder später auch Wolle – gingen nach Europa.

Nach Sydney entstanden weitere Kolonien:

- **Van Diemen's Land (Tasmanien)**
- **Western Australia** (später bei Swan River und in Perth)
- **South Australia**
- **Victoria** (trennte sich später von New South Wales)
- **Queensland** (ebenfalls eine Abspaltung von New South Wales)

Doch das sind Entwicklungen, die wir in späteren Kapiteln genauer betrachten werden. In diesem Kapitel war es entscheidend zu sehen, wie schwer der Anfang in Sydney war und wie sich daraus allmählich ein ganzes Kolonialsystem entwickelte.

Das Zusammenleben in der frühen Kolonie

Das Zusammenleben in der frühen Kolonie war oft von Mühsal und Entbehrungen geprägt. Doch gleichzeitig gab es auch Gemeinschaftssinn. Man wusste, dass man nur gemeinsam überleben konnte. Es gab Sträflinge, die Handwerk erlernten und damit zur Weiterentwicklung der Siedlung beitrugen.

Die Briten bauten einfache Kirchen, wo Gottesdienste abgehalten wurden. Es entstand eine Schule für die Kinder der Siedler und Soldaten, wenn auch nur auf bescheidenem Niveau. Das soziale Leben entwickelte sich langsam: Man traf sich vielleicht an Wochenenden zu kleinen Märkten, tauschte Waren oder veranstaltete einfache Feste, wenn die Ernte gut war.

Allerdings blieb Gewalt ein Problem. Einige Sträflinge wurden von Offizieren schlecht behandelt. Andere Sträflinge begingen Verbrechen innerhalb der Kolonie, weil sie keine Perspektive sahen. Die Härte des Lebens und die oft ungerechten Verhältnisse führten zu Spannungen, die immer wieder aufflammten.

Wachsende Bedeutung Sydneys

Sydney, einst nur ein kleines Lager, entwickelte sich zum Zentrum der neuen Kolonie New South Wales. Regierungsgebäude, Gerichte und Kasernen entstanden. Immer mehr Menschen kamen an, und langsam bildete sich eine kleine Stadt. Sie war zwar noch chaotisch und ungeplant, aber man versuchte, Straßen zu benennen und Häuser in Reihen anzulegen.

Da Sydney der wichtigste Hafen war, liefen hier alle Fäden zusammen. Leute, die ins Hinterland wollten, starteten ihre Reise hier. Fuhren sie mit Booten auf dem Parramatta River, erreichten sie die Ackerflächen. Wollten sie an andere Teile der Küste, nahmen sie kleine Segelschiffe, die von Sydney aus losfuhren.

So wurde Sydney der Knotenpunkt, an dem Handel, Verwaltung und militärische Befehlsgewalt zusammenliefen. Wer etwas besorgen musste oder neue Ideen hatte, kam früher oder später in Sydney vorbei, um Genehmigungen oder Materialien zu bekommen.

Veränderungen in England und ihre Folgen

In England selbst änderten sich währenddessen die politischen und wirtschaftlichen Verhältnisse. Die Industrialisierung begann, und immer mehr Menschen zogen in die Städte. Die sozialen Probleme wurden größer, und es gab viele Strafgefangene. Daher hielt man am System der Verbannung nach Australien fest, weil man damit zumindest einen Teil der Gefängnisse leerte.

Zugleich regte sich Kritik: Manche meinten, es sei unmenschlich, so viele Menschen einfach ans andere Ende der Welt zu schicken. Andere sahen die koloniale Ausweitung als Chance, den Einfluss Großbritanniens zu stärken und neue Handelswege zu sichern.

In Australien selbst war man hin- und hergerissen. Auf der einen Seite brauchte man Arbeitskräfte, auf der anderen Seite wollte man auch freie Einwanderer anlocken, die im besten Fall Kapital und Know-how mitbrachten, um die Kolonie aufzubauen.

KAPITEL 5: DAS LEBEN IN DEN ERSTEN STRAFKOLONIEN

Einleitung

Nach der Ankunft der First Fleet im Jahr 1788 begann für die neu gegründeten Siedlungen in Australien eine Zeit voller Herausforderungen. Ein Großteil der Menschen, die dort landeten, waren Strafgefangene. Diese Männer und Frauen hatten in England, Schottland oder Irland Verbrechen begangen, die von Diebstahl bis hin zu Fälschungen reichten. Doch auch schwere Verbrechen führten bisweilen zu einer Deportation anstatt zur Todesstrafe. Ziel des britischen Staates war es, die überfüllten Gefängnisse im Mutterland zu entlasten und gleichzeitig Australien als Kolonie zu sichern.

In diesem Kapitel schauen wir genauer auf den Alltag und die Bedingungen, unter denen die Sträflinge lebten. Dabei richten wir den Blick sowohl auf ihre Arbeitswelt als auch auf die Strafen und den Zusammenhalt untereinander. Wir erkennen, wie frei oder unfrei sie waren und welche Chancen es gab, sich aus dieser Lage zu befreien. Gleichzeitig blicken wir auch auf die Rolle der Aufseher, Soldaten und später dazukommenden Siedler, die nicht als Strafgefangene, sondern als freie Einwanderer nach Australien kamen.

Ankunft und erste Eindrücke

Wer als Strafgefangener in einem der Schiffe nach Australien gebracht wurde, hatte bereits eine beschwerliche Reise hinter sich. Manche waren monatelang auf See gewesen, zusammengepfercht in engen Räumen, oft bei schlechter Ernährung und unzureichender medizinischer Versorgung.

Wenn die Schiffe schließlich in Sydney Cove oder später in anderen Häfen anlegten, erwartete die Neuankömmlinge alles andere als eine freundliche Begrüßung. Sie mussten meist noch an Bord bleiben, bis ihre Namen aufgerufen wurden. Anschließend wurden sie an Land gebracht und in Gruppen eingeteilt. Frauen und Männer kamen in der Regel getrennt unter.

Für viele war der Anblick der Kolonie ernüchternd: Holzhütten, einfache Zelte, schlammige Wege und ein Klima, das deutlich wärmer und feuchter sein konnte als in der Heimat. Dazu kam die fremdartige Vegetation mit Eukalyptusbäumen und Sträuchern, die man noch nie gesehen hatte.

Arbeitsalltag der Sträflinge

Einer der Hauptgründe, weshalb man in England Sträflinge nach Australien schickte, war die Arbeit, die dort zu erledigen war. Die Kolonie musste aufgebaut werden, es brauchte Straßen, Gebäude, Lagerhäuser und später auch Farmen.

Bauprojekte: Viele Sträflinge wurden zum Straßen- und Häuserbau eingesetzt. Sie hackten Steine aus dem Fels, schleppten Baumaterial und hoben Gräben aus. Dabei gab es kaum Maschinen, alles geschah per Hand mit Schaufel und Hacke.

Landwirtschaft: Andere Sträflinge arbeiteten auf Feldern, um Getreide und Gemüse anzubauen. Sie mussten das Land roden, Bäume fällen und den Boden vorbereiten. Manche züchteten Rinder, Schafe oder Schweine, die für Nahrung und später auch für Wolle oder Leder sorgten.

Handwerksarbeiten: Wer ein Handwerk gelernt hatte, durfte manchmal in seiner Fachrichtung tätig werden. Zimmerleute bauten Häuser und reparierten Schiffe, Schmiede stellten Werkzeuge und Hufeisen her, Bäcker kümmerten sich um die Brotversorgung.

Haus- und Küchenarbeit: Einige Frauen wurden in den Haushalten von Offizieren oder Beamten beschäftigt. Sie mussten kochen, putzen, nähen oder Kinder betreuen. Das war zwar keine körperlich so schwere Arbeit wie der Straßenbau, konnte aber ebenso anstrengend sein, da sie oft rund um die Uhr verfügbar sein mussten.

Die Arbeitszeiten waren lang. Von Sonnenaufgang bis Sonnenuntergang wurde häufig gearbeitet, mit nur wenigen Pausen. Bei großer Hitze oder heftigem Regen war die Lage besonders belastend.

Strafen und Disziplin

Das Leben in einer Strafkolonie war geprägt von harter Disziplin. Die Aufseher achteten darauf, dass niemand flüchtete oder die Arbeit verweigerte. Es gab ein eigenes System von Strafen, falls sich ein Sträfling auflehnte oder bei Diebstahl und anderen Vergehen erwischt wurde.

Auspeitschungen: Eine der häufigsten Strafen war die Prügelstrafe. Oft benutzte man dazu die „Cat-o'-nine-tails", eine Peitsche mit mehreren Lederriemen. Die Anzahl der Schläge wurde vom Gericht oder dem Kommandanten festgelegt.

Eisenketten: Wer sich wiederholt widersetzte, konnte in Ketten gelegt werden. Die Sträflinge mussten dann mit schweren Eisenringen um die Knöchel oder Handgelenke arbeiten, was ihre Bewegungsfreiheit stark einschränkte.

Isolierung: Es gab einfache Zellen oder Verschläge, in denen man Gefangene für eine Weile wegsperren konnte. Dort bekamen sie kaum Licht oder frische Luft.

Verschärfte Haftorte: Besonders gefährliche oder aufsässige Sträflinge wurden zu gefürchteten Orten wie Norfolk Island oder später nach Port Arthur in Van Diemen's Land gebracht. Dort waren die Bedingungen noch härter, und die Bewachung war streng.

Diese Strafen sollten sowohl die Betroffenen einschüchtern als auch andere abschrecken. Sie zeigten, dass die Kolonialverwaltung keinen Widerstand duldete.

Versuchungen und Vergehen

Die Sträflinge hatten oft wenig Eigentum und geringe Möglichkeiten zur Unterhaltung. So kam es immer wieder zu kleineren Vergehen wie Diebstählen oder Schlägereien. Wenn etwa Nahrungsmittel knapp waren, versuchte manch einer, etwas zu stehlen, um sich und seine Kameraden zu versorgen.

Alkohol spielte ebenfalls eine Rolle. Zwar war starker Alkohol knapp, doch sobald es gelang, irgendeine Form von Schnaps herzustellen oder einzuschmuggeln, nutzten manche Sträflinge die Gelegenheit, um für eine Weile dem harten Alltag zu entfliehen. Das wiederum führte häufig zu Streit und Gewalt.

Auch Fluchtversuche kamen vor. Doch vielen Ausreißern fehlte das Wissen, sich in der australischen Wildnis zurechtzufinden. Manche ertranken in Flüssen, starben in der Hitze oder wurden von Aufsehern verfolgt und eingefangen. Andere suchten den Kontakt zu Aborigines und hofften auf Unterstützung. Diese Hoffnung erfüllte sich aber nicht immer, weil die Aborigines oft selbst unter Druck standen und mit den Europäern Probleme hatten.

Gemeinschaft unter den Sträflingen

Bei aller Härte des Systems entwickelte sich unter den Strafgefangenen oft ein Zusammenhalt. Man war gezwungen, miteinander klarzukommen, um den harten Alltag zu überstehen. Ältere Häftlinge, die schon länger in der Kolonie waren, konnten Neuen Ratschläge geben, wie man bestimmte Aufseher besser umging oder wo man gelegentlich zusätzliche Nahrung fand.

In einigen Situationen teilte man Nahrung oder half sich gegenseitig bei der Arbeit, um Strafen zu entgehen. Wer in der Gemeinschaft als vertrauenswürdig galt, hatte eine Art Status, auch wenn dies offiziell nicht anerkannt war.

Allerdings kam es ebenso zu Rivalitäten. Manche Sträflinge versuchten, sich bei Aufsehern einzuschmeicheln, um Vorteile zu bekommen. Andere wollten ihre eigene Haut retten und verrieten Kameraden, wenn sie dachten, das brächte ihnen Gunst bei den Vorgesetzten.

Rolle der Frauen in den Strafkolonien

Auch Frauen wurden nach Australien deportiert, wenn sie straffällig geworden waren. Ihr Alltag war oft anders gestaltet als der der Männer. Viele von ihnen arbeiteten in den Küchen, Waschräumen oder als Dienstpersonal in den Häusern höhergestellter Kolonisten.

Manche Frauen begannen Beziehungen mit Soldaten oder freien Siedlern, um ihre Situation zu verbessern. Mitunter wurden diese Frauen schwanger, was weitere Herausforderungen mit sich brachte. Ein Kind zu versorgen, während man selbst noch eine Strafe absaß, war keineswegs einfach.

Auch gab es Fälle von erzwungenen Beziehungen, in denen Frauen wenig Wahl hatten, da das Machtgefälle groß war. Für die Frauen war das Leben oftmals härter, weil sie nicht nur mit Strafen und Arbeit zu kämpfen hatten, sondern auch gegen Vorurteile und sexuelle Ausbeutung wehrlos waren.

Möglichkeiten der Verbesserung: Tickets of Leave und Begnadigungen

Trotz all dieser Härten gab es Wege, sich in eine bessere Position zu bringen. Wer sich gut führte oder besondere Leistungen in der Kolonie vollbrachte, konnte ein „Ticket of Leave" erhalten. Das bedeutete, dass der Sträfling nicht mehr rund um die Uhr bewacht wurde und sich in einem festgelegten Gebiet frei bewegen durfte. Man war allerdings weiter an Auflagen gebunden und durfte beispielsweise nicht einfach den Wohnort wechseln.

Eine noch bessere Möglichkeit war eine „Conditional Pardon" (bedingte Begnadigung). Das führte dazu, dass man seine Strafe nicht mehr absitzen musste, sofern man sich an bestimmte Regeln hielt. Ein Sträfling mit einer bedingten Begnadigung konnte oft einer regulären Arbeit nachgehen und sich dadurch eigene Einkünfte sichern.

Selten, aber möglich, war eine „Absolute Pardon", also eine vollständige Begnadigung. Dann galt die Person rechtlich als frei, als wäre sie nie verurteilt worden. Solche Fälle traten vor allem auf, wenn jemand dem Gouverneur oder den Behörden besonders nützlich war, zum Beispiel durch herausragende Handwerksfertigkeiten oder medizinische Kenntnisse.

Zusammenarbeit mit freien Siedlern

Mit der Zeit kamen mehr und mehr freie Einwanderer nach Australien, die nicht als Strafgefangene dorthin mussten, sondern von sich aus ihr Glück in der neuen Welt suchten. Diese Menschen wollten Farmen gründen, Handel betreiben oder ein Handwerk ausüben.

Oft brauchten sie Arbeitskräfte und konnten dafür Strafgefangene zugeteilt bekommen. Das nannte man das „Assignment System". Die Sträflinge arbeiteten dann bei einem Siedler, der für ihre Verpflegung und Unterkunft sorgen musste. Im Gegenzug bekamen die Kolonialbehörden einen Teil der landwirtschaftlichen Erträge oder profitierten davon, dass der Siedler das Land besser nutzbar machte.

Manche Siedler waren menschlich und fair, sie behandelten die Sträflinge mit Respekt und sorgten dafür, dass sie genug zu essen hatten. Andere hingegen nutzten die Situation schamlos aus, ließen die Arbeiter bis zur Erschöpfung schuften und verwendeten harte Strafen, wenn ein Auftrag nicht erfüllt wurde.

Konflikte zwischen Militär und Verwaltung

Innerhalb der jungen Kolonien gab es Spannungen zwischen dem Militär, das für Ordnung sorgen sollte, und den Zivilverwaltern, die Gesetze machten und Land verteilten. Manchmal sahen sich Offiziere als die wahren Herrscher vor Ort und kümmerten sich wenig um die Anweisungen des Gouverneurs.

Gerade in den früheren Jahrzehnten hatten einzelne Offiziere großen Einfluss. Sie kontrollierten wichtige Bereiche wie die Alkohol- und Nahrungsmittelversorgung. Das konnte zu Machtmissbrauch führen. Ein Beispiel hierfür war das sogenannte „Rum-Korps" in New South Wales, bei dem Offiziere den Handel mit Rum dominierten und dadurch übergroßen Reichtum und Einfluss erlangten.

Solche Machtkämpfe erschwerten den Aufbau einer stabilen und gerechten Gesellschaft. Es dauerte lange, bis sich in den

Strafkolonien eine halbwegs geordnete Verwaltung durchsetzte, die nicht von Einzelinteressen gesteuert war.

Das Leben in abgelegenen Strafanstalten

Neben Sydney und Parramatta gab es noch andere Orte, an die Sträflinge geschickt wurden. Norfolk Island, gelegen weit östlich von Australien im Pazifik, war berüchtigt für seine harten Bedingungen. Dort gab es zeitweise eine Art Höllenlager, in dem die Gefangenen ständig von Hunger und grausamen Strafen bedroht waren.

In Van Diemen's Land (dem heutigen Tasmanien) befand sich Port Arthur, eine Strafanstalt, die als besonders streng galt. Die Häftlinge mussten oft stundenlang in Einzelhaft verharren, schweigend und isoliert, damit sie keine Aufstände planen konnten. Das System setzte auf strikte Überwachung und Bestrafung.

Wer an solche Orte versetzt wurde, hatte in der Regel schwere Vergehen begangen oder war wiederholt auffällig geworden. Einige Insassen verloren dort jegliche Hoffnung und Gesundheit.

Allmähliche Verbesserungen und Reformen

Mit der Zeit wurde das System allerdings etwas gemildert. Es entstanden Ideen, die Strafgefangenen zu erziehen und ihnen nützliche Fähigkeiten zu vermitteln, anstatt sie nur als billige Arbeitskräfte auszubeuten.

Manche Gouverneure bemühten sich, Schulen einzurichten oder religiöse Betreuung zu ermöglichen. Geistliche verschiedener Konfessionen kamen in die Kolonien und predigten den Strafgefangenen, um ihnen Hoffnung zu geben oder sie zu einem „besseren Leben" anzuhalten.

Zudem erkannte man, dass man auf Dauer eine stabile Kolonie nur aufbauen konnte, wenn die Menschen dort nicht ständig unter unmenschlichen Bedingungen litten. So wurden nach und nach einige Regeln gelockert, und das System der Begnadigungen gewann an Bedeutung.

Die Bedeutung des Glaubens und der Seelsorge

In den Strafkolonien spielten Kirche und Religion eine zwiespältige Rolle. Einerseits gab es Geistliche, die sich um das Seelenheil der Sträflinge sorgten und ihnen helfen wollten, ein neues Leben zu beginnen. Sie sprachen vom Vergeben und von der Barmherzigkeit.

Andererseits war Religion oft eng mit der Staatsführung verknüpft. Manche Geistliche unterstützten die Obrigkeit in ihren harten Maßnahmen. Sie betrachteten die Sträflinge als Sünder, die Buße tun müssten.

Gottesdienste waren aber auch Gelegenheiten, bei denen Menschen für kurze Zeit dem Alltag entkamen. Sie saßen in einfachen Kapellen oder unter einem Dach aus Zweigen und hörten Predigten, sangen Lieder und dachten vielleicht über ihr Schicksal nach.

Familien und Kinder in der Strafkolonie

Es ist leicht zu vergessen, dass in diesen harten Siedlungen auch Kinder lebten. Manche kamen mit ihren Eltern, die Soldaten oder Beamte waren. Andere wurden vor Ort geboren, weil ihre Mütter als Strafgefangene nach Australien gekommen waren oder sich mit Siedlern zusammengetan hatten.

Kinder wuchsen in einer Umgebung auf, in der harte Arbeit und Strafen zum Alltag gehörten. Für die Erziehung gab es nur wenig Hilfen. Trotzdem versuchten manche Eltern, ihren Kindern das

Lesen und Schreiben beizubringen. Später entstanden erste kleine Schulen, in denen man grundlegende Kenntnisse erlernen konnte.

Einige Kinder wurden früh zu Hilfsarbeiten herangezogen, um die Familie zu unterstützen. Andere fanden bei wohlwollenden Familien ein neues Zuhause, wenn die leiblichen Eltern ihre Strafe absitzen mussten.

Gesundheitswesen und Krankheiten

Das Gesundheitswesen in den Strafkolonien war sehr einfach. Es gab nur wenige ausgebildete Ärzte, und die Medikamente waren knapp. Häufige Krankheiten waren Mangelernährung, Fieber, Durchfall und Infektionen durch schlechte Hygiene.

Ein Sträfling, der krank wurde, musste sich oft weiter zur Arbeit schleppen, da es nicht genügend Arbeitskräfte gab. Wer jedoch ernsthaft erkrankte, kam in primitive Lazarette, wo Betten knapp und die Versorgung dürftig war. Viele starben, weil die Medizin der Zeit Grenzen hatte und es an Pflege fehlte.

Die Aborigines, die Kontakt zur Kolonie hatten, litten noch stärker unter eingeschleppten Krankheiten wie Pocken oder Masern. Für sie gab es so gut wie keine Behandlung, und ihr eigenes Heilwissen half gegen diese neuen Seuchen oft nicht.

Alltägliche Erholung und Freizeit

Trotz der harten Arbeit gab es Momente, in denen sich die Sträflinge ausruhen oder im kleinen Rahmen unterhalten konnten. Am späten Abend, wenn die Aufseher es erlaubten, saß man vielleicht beisammen, rauchte eine Pfeife oder sang Lieder aus der Heimat.

Manche spielten einfache Spiele mit Karten oder Würfeln, auch wenn das offiziell oft verboten war. Für die wenigen, die lesen konnten, gab es kaum Bücher, doch wenn jemand eines besaß, konnte er es mit anderen teilen.

Die besonderen Höhepunkte waren Feste wie Weihnachten oder der Geburtstag des Königs. Dann wurde manchmal eine bessere Mahlzeit ausgegeben, und die Arbeit ruhte für ein paar Stunden. Allerdings hing viel davon ab, ob ein Gouverneur oder Kommandant solche Feiern guthieß oder nicht.

Wachsende Wirtschaftskraft

Allmählich begann sich das harte Leben ein wenig zu bessern, als die Landwirtschaft besser funktionierte. Man rodete weitere Flächen, züchtete mehr Vieh und baute Wege und rudimentäre Transportmittel aus.

Zudem entdeckte man, dass bestimmte Teile Australiens sehr gut für den Weizenanbau oder für Schafzucht geeignet waren. Gerade die Schafzucht wurde später zum wichtigen Wirtschaftszweig. Wolle konnte nach England exportiert werden, was Einkommen für die Kolonien brachte.

Da die Sträflinge einen großen Teil der körperlichen Arbeit leisteten, profitierte die Kolonialverwaltung davon. In manchen Gebieten entstanden erste Manufakturen und Werkstätten, die Werkzeuge oder Kleidung herstellten. Man handelte untereinander und mit Schiffen, die von außen kamen, was die Kolonien allmählich stabilisierte.

Das Ende der Strafkolonien rückt näher

In England wuchs im 19. Jahrhundert die Kritik am Transportsystem. Immer mehr Menschen stellten die Frage, ob es moralisch richtig sei, Kleinkriminelle oder auch Unschuldige (die womöglich zu

Unrecht verurteilt wurden) an das andere Ende der Welt zu verbannen.

Zudem sah man, dass die Kolonien inzwischen arbeitsfähig waren und freie Siedler anzogen. Es stellten sich Fragen: Brauchte man wirklich noch Sträflinge, um die Kolonien am Leben zu erhalten, oder konnten die Kolonien sich selbst entwickeln?

Langsam wurde der Transport eingestellt: Zuerst in New South Wales, später in anderen Kolonien. Van Diemen's Land hielt länger an der Deportation fest, aber schließlich war auch dort Schluss.

Ausblick: Gesellschaftlicher Wandel

Mit dem Rückgang des Strafgefangenentransports begann sich die Gesellschaft in Australien zu wandeln. Immer mehr freie Einwanderer kamen und brachten ihre Fähigkeiten und ihr Kapital mit. Städte wuchsen, und es entstanden erste Zeitungen, Bildungseinrichtungen und kulturelle Angebote.

Diejenigen Sträflinge, die ihre Strafe abgesessen hatten, blieben oft in Australien. Manche von ihnen wurden Landbesitzer, Unternehmer oder Handwerker. Das harte System hatte sie geprägt, aber es gab auch Erfolgsgeschichten von Menschen, die es schafften, sich ein respektables Leben aufzubauen.

Die Erinnerung an die Strafkolonien

Auch wenn wir in diesem Buch nicht in die Gegenwart gehen: Die Strafkolonien prägen bis heute das Bild der frühen Geschichte Australiens. Viele Familien können ihre Wurzeln auf Strafgefangene zurückverfolgen.

In den folgenden Kapiteln werden wir sehen, wie sich diese Kolonien trotz ihrer schwierigen Anfänge weiterentwickelten, wie man das Landesinnere erkundete und welche Konflikte sich mit den Aborigines zusehends zuspitzten. Doch zunächst endet dieses Kapitel mit der Erkenntnis, dass das Leben in den ersten Strafkolonien hart, oft ungerecht, aber dennoch formend für den Kontinent war.

KAPITEL 6: DIE ERFORSCHUNG DES LANDESINNEREN

Einleitung

Zu Beginn der britischen Besiedlung kannten die Europäer kaum mehr als einen schmalen Küstenstreifen rund um Sydney. Das gewaltige Landesinnere Australiens lag in weiter Ferne und wurde von den Aborigines bewohnt, die ihre eigenen Routen und Traditionen hatten. Die Briten wussten nicht, was jenseits der vertrauten Küstenregionen auf sie wartete. Gab es hohe Berge, Flüsse, vielleicht sogar Seen? War das Landesinnere fruchtbar oder eine endlose Wüste?

In diesem Kapitel beschäftigen wir uns mit den ersten Expeditionen, die die Kolonisten aussandten, um Antworten auf diese Fragen zu finden. Wir lernen die Menschen kennen, die sich auf das Abenteuer einließen, ihre Methoden, ihre Ausrüstung und die Herausforderungen, denen sie begegneten. Außerdem erfahren wir, wie die Aborigines bei diesen Expeditionen halfen oder Widerstand leisteten.

Die Anfänge: Die Blue Mountains als erste Hürde

Eines der ersten großen Hindernisse für die Siedler aus Sydney waren die Blue Mountains. Diese Gebirgskette liegt westlich von Sydney und schien auf den ersten Blick eine undurchdringliche Barriere zu sein. Dichte Wälder, steile Klippen und Schluchten machten das Vorankommen schwer.

Mehrere Versuche, die Berge zu überqueren, scheiterten an der unübersichtlichen Landschaft. Erst 1813 gelang es den Siedlern Gregory Blaxland, William Lawson und William Charles Wentworth, eine Route durch die Blue Mountains zu finden. Sie entdeckten einen Kamm, über den man vergleichsweise sicher gehen konnte, ohne sich in Schluchten zu verlieren.

Diese Entdeckung war ein Meilenstein. Hinter den Blue Mountains lag fruchtbares Land, das sich für Weidewirtschaft und Ackerbau eignete. Damit eröffnete sich die Möglichkeit, die Kolonie stark zu erweitern.

Das Motiv hinter den Expeditionen

Warum drängten die Briten so sehr ins Landesinnere? Zum einen brauchten sie immer mehr Flächen für Landwirtschaft und Viehzucht, da die Bevölkerung wuchs. Zum anderen hofften sie auf Bodenschätze wie Gold, Silber oder andere wertvolle Ressourcen.

Zudem waren einige Entdecker schlicht neugierig und wollten mehr über das Land erfahren. So entstanden Expeditionen, an denen oft Offiziere, Landvermesser, Naturforscher und manchmal auch Strafgefangene teilnahmen. Sie zogen in Gruppen los, führten Tiere zum Gepäcktransport mit sich und trugen einfache Karten und Notizbücher, um ihre Beobachtungen festzuhalten.

In den Anfangsjahren fehlte es an Erfahrung. Weder kannte man die australischen Wetterverhältnisse genau, noch wusste man, wie man Wasser finden oder mit unerwartet auftauchenden Schwierigkeiten umgehen sollte. Das machte die Reisen gefährlich.

Erste Erfolge: Oxley, Hume und Hovell

Zu den frühen Entdeckern gehörte John Oxley, der ab 1817 mehrere Reisen ins Landesinnere unternahm. Er folgte Flüssen wie dem Lachlan und Macquarie, in der Hoffnung, sie führten zu einem Binnenmeer. Stattdessen landete er oft in Sümpfen oder traf auf ausgetrocknete Ebenen. Oxley stellte fest, dass Australien komplexer war als gedacht. Zwar gab es fruchtbare Streifen entlang der Flüsse, aber auch sehr trockene Gebiete.

In den 1820er Jahren machten sich Hamilton Hume, ein in der Kolonie geborener Entdecker, und der Seefahrer William Hovell auf den Weg nach Süden. Sie durchquerten Gebiete, die später zum Bundesstaat Victoria wurden. Ihre Berichte über weite Grasflächen und reichlich Wasser weckten in der Kolonie neues Interesse.

Dank dieser Expeditionen entstand ein klareres Bild: Australien war keineswegs nur Wüste. Es gab fruchtbare Zonen, gerade entlang der Flüsse. Doch die genaue Ausdehnung dieser Gebiete war weiterhin unbekannt.

Die Rolle der Aborigines bei den Erkundungen

Häufig gelang es den Expeditionen nur dank der Hilfe von Aborigines, überhaupt zu überleben. Sie kannten den Weg zu Wasserstellen, sie wussten, wo man Nahrung finden konnte, und sie konnten auf die Gefahren in der Natur hinweisen.

Manche Entdecker gingen respektvoll mit diesem Wissen um und suchten die Kooperation. Andere hingegen zwang man, als „Führer" zu dienen, oder behandelte sie mit Misstrauen. Es kam vor, dass Expeditionsteilnehmer in Gebieten auftauchten, die den Aborigines heilig waren, was zu Spannungen führte.

Außerdem hatten die Aborigines eigene Namen für Orte und waren oft bereit, Informationen zu teilen, wenn man sie entsprechend behandelte. Doch nicht immer verstanden die Europäer diese Hinweise richtig, sodass es zu Missverständnissen kam.

Charles Sturt und die Suche nach dem „Binnenmeer"

Ein bekannter Entdecker jener Zeit war Charles Sturt. Er machte sich in den 1820er und 1830er Jahren auf, die Flüsse im Landesinnern zu erkunden. Zu dieser Zeit glaubte man noch, Australien könnte in seinem Zentrum ein großes Binnenmeer haben.

Erste Expedition (1828–1829): Sturt erkundete den Fluss Darling. Er stellte fest, dass dieser Fluss in anderen mündet und dass große Wasserläufe wie Darling und Murray ein ausgedehntes Flusssystem bilden.

Zweite Expedition (1830): Gemeinsam mit seinem Team fuhr Sturt den Murray River in Booten hinunter. Sie stellten fest, dass er schließlich ins Meer mündet. Von einem Binnenmeer fehlte jedoch jede Spur.

Charles Sturts Entdeckungen zeigten, dass im Südosten Australiens ein ausgedehntes Netzwerk von Flüssen besteht, das für die Landwirtschaft sehr bedeutsam werden sollte. Gleichzeitig machte er klar, dass das Landesinnere nicht einfach nur aus einem einzigen großen See oder fruchtbaren Land bestand, sondern sehr unterschiedlich war.

Ludwig Leichhardt und die Erforschung des Nordens

Ein weiterer wichtiger Name ist Ludwig Leichhardt, ein deutscher Naturforscher, der Mitte des 19. Jahrhunderts in Australien forschte. Er unternahm mehrere Expeditionen in den Norden und das Zentrum, um mehr über Flora, Fauna und geographische Gegebenheiten zu erfahren.

Reise von Moreton Bay (Brisbane) nach Port Essington (1844–1845): Dies war eine besonders lange und gefährliche Expedition. Leichhardt und seine Begleiter zogen durch Gebiete, in denen kaum Weiße zuvor gewesen waren. Sie ernährten sich von der Jagd, von gesammelten Pflanzen und von dem, was ihnen unterwegs gelang, zu beschaffen.

Leichhardt verschwand später auf einer weiteren Expedition spurlos. Sein Verschwinden wurde zu einem Rätsel, das bis heute nicht vollständig gelöst ist. Manche vermuten, dass die Gruppe an Durst oder Krankheiten starb. Andere glauben, sie seien in Konflikte mit Aborigines geraten.

Herausforderungen auf den Expeditionen

Die Erforschung des Landesinnern war alles andere als ein Spaziergang. Die Teams sahen sich mit zahlreichen Problemen konfrontiert:

Wassermangel: In vielen Gegenden gab es nur wenige Flüsse. Man musste auf Regen hoffen oder Wasserlöcher finden, die selbst den Aborigines teils unbekannt waren.

Große Hitze: In den Sommermonaten konnte die Sonne unerbittlich sein. Wer stundenlang durch Busch oder Steppe zog, riskierte Hitzschläge.

Schwierige Fortbewegung: Man benutzte oft Packpferde oder Maultiere, später auch Kamele in den Wüstenregionen. Diese Tiere konnten aber selbst an Durst und Erschöpfung sterben.

Ungewohntes Terrain: Dichte Eukalyptuswälder, weite Ebenen und Gebirgszüge machten eine genaue Orientierung schwer. Karten gab es kaum, man musste alles selbst vermessen.

Krankheiten: Malaria, Fieber, Durchfall und Verletzungen kamen häufig vor. Medizinische Versorgung war begrenzt.

Konflikte mit den Aborigines: Manche Entdecker betraten fremdes Land, ohne zu fragen. Das konnte Abwehrreaktionen auslösen. In anderen Fällen halfen Aborigines jedoch mit Nahrung oder als Wegführer.

Trotz all dieser Hindernisse setzten die Entdecker ihre Reisen fort, getrieben vom Ehrgeiz oder der Hoffnung auf Entdeckungen, die Ruhm und Nutzen bringen würden.

Der Nutzen der Entdeckungen für die Kolonien

Obwohl viele Expeditionen mit großer Mühe verbunden waren, halfen sie den Kolonisten letztlich, das Land jenseits der Küstenregionen besser zu verstehen. Man fand heraus, wo sich Viehzucht lohnte und in welchen Tälern Weizen gut gedeihen konnte.

So entstanden neue Siedlungen im Landesinnern. Farmen für Schafe und Rinder verbreiteten sich, zum Beispiel im Gebiet um den Murray River. Auch in Queensland, das weiter nördlich lag, begann man mit der Bewirtschaftung von Flächen, nachdem man erste Routen dorthin gefunden hatte.

Mit jeder Expedition wurden neue Flüsse benannt, Berge eingetragen und Gebiete kartiert. Die Kolonialverwaltung verteilte Land an Siedler oder an Unternehmen, die größere Farmen aufbauten. Die Gewinne aus Wolle, Fleisch und anderen Produkten stiegen.

Neue Konflikte durch Landnahme

Die Erweiterung der Siedlungen hatte jedoch schlimme Folgen für die Aborigines. Ihr Land wurde von den neuen Ankömmlingen beansprucht, Zäune entstanden, und große Schaf- und Rinderherden zerstörten oft die natürlichen Nahrungsquellen der Ureinwohner.

Daraus ergaben sich gewaltsame Auseinandersetzungen. Manche Aborigines versuchten, ihr Land zu verteidigen, indem sie Herden angriffen oder Siedler vertrieben. Die Europäer wiederum schlugen oft mit Waffengewalt zurück.

Die britische Regierung in London sah solche Konflikte manchmal mit Sorge, unternahm aber wenig, um sie wirksam zu beenden. In den Kolonien selbst stand oft das Interesse der Siedler im Vordergrund. So wuchsen die Spannungen und führten zu vielen Ungerechtigkeiten und Leiden.

Entdeckung und Erschließung von Routen

Während der zahlreichen Expeditionen entdeckte man auch wichtige Durchgangsrouten. Zum Beispiel fanden manche Forscher Wege durch Gebirge oder entlang von Flusstälern, die sich gut für den Transport von Waren eigneten.

Später wurden entlang dieser Routen Telegrafenleitungen gebaut, und Straßen entstanden, damit Postkutschen und Händler schneller reisen konnten. Das beschleunigte den Warenaustausch zwischen den Regionen.

Auch Schiffe spielten eine Rolle: Manche Flüsse waren schiffbar, zumindest für kleine Dampfer. So konnte man Güter wie Wolle oder Getreide leichter zur Küste bringen. Die Erkundung des Murray-Darling-Flusssystems war daher für die Wirtschaft der Kolonien sehr wichtig.

Die Bedeutung wissenschaftlicher Beobachtungen

Nicht alle Entdecker suchten nur nach nutzbarem Land. Einige waren echte Naturforscher, die Tiere und Pflanzen sammelten, um sie zu dokumentieren. Sie beschrieben ihre Funde in Tagebüchern und brachten Proben zurück in die Küstenstädte.

Diese Proben gelangten manchmal sogar nach Europa, wo sie in botanischen Gärten oder Museen ausgestellt wurden. So kam es, dass australische Beuteltiere, exotische Vögel oder ungewöhnliche Pflanzen in Europa immer mehr Aufmerksamkeit erhielten.

Die wissenschaftlichen Erkenntnisse halfen dabei, Australien in der Welt bekannter zu machen. Botaniker und Zoologen erhielten neue Informationen über die einmalige Tier- und Pflanzenwelt des Kontinents.

Berichte und Karten

Die meisten Entdecker führten detaillierte Tagebücher. Darin notierten sie alles, was ihnen auffiel: den Zustand des Bodens, die Wasservorräte, das Verhalten der Aborigines, Wetterdaten und auch die Koordinaten der Orte, falls sie sie mit einfachen Mitteln berechnen konnten.

Später wertete man diese Aufzeichnungen aus, zeichnete neue Karten und veröffentlichte Berichte. Manche Entdecker wurden regelrecht zu Heldenfiguren, über die man in den Zeitungen las. Die Menschen in Sydney oder London verfolgten gespannt, welche Abenteuer sich im fernen Outback zutrugen.

Erfolgreiche und gescheiterte Expeditionen

Nicht alle Expeditionen führten zu Erfolgen. Manche kehrten früh um, weil Vorräte fehlten oder weil zu viele Teilnehmende erkrankten. Andere endeten in Katastrophen, wenn kein Wasser gefunden wurde.

Manche Gruppen gerieten in tödliche Auseinandersetzungen, gingen in der Wildnis verloren oder starben an Hunger. Diese Schicksale zeigten, wie wenig die Europäer das Land wirklich verstanden. Jede längere Reise blieb ein riskantes Unterfangen.

Doch der Drang, neue Gebiete zu erschließen, war ungebrochen. Jedes Scheitern führte dazu, dass andere es besser oder anders versuchen wollten. Schritt für Schritt entstand so ein umfassenderes Bild von Australien.

Thomas Mitchell – „Australiens großer Landvermesser"

Thomas Livingstone Mitchell war ein schottischer Landvermesser und Entdecker, der in den 1830er und 1840er Jahren mehrere Expeditionen leitete. Er kartierte weite Bereiche im Südosten Australiens und fand zahlreiche Orte, die sich für Siedlungen eigneten.

Mitchell war bekannt für seine hohe Ansprüche an seine Karten. Er wollte eine möglichst genaue Darstellung liefern, sodass später Reisende davon profitieren konnten. Deshalb nahm er eine große Ausrüstung mit, darunter Vermessungsgeräte, Vorräte und auch Bewaffnete, um sich im Notfall zu verteidigen.

Seine Berichte machten deutlich, dass es im Landesinnern neben trockenen Regionen auch sehr fruchtbare Gebiete gab. Besonders das Gebiet, das heute zum Bundesstaat Victoria gehört, lobte er als „Australia Felix" (lateinisch für „glückliches Australien"), weil er dort reichlich Weideflächen und Wasser vorgefunden hatte.

Bedeutung der Kamele im Outback

Später, als man tiefer ins trockene Zentrum vordrang, setzte man Kamele ein. Zwar gehörten Kamele ursprünglich nicht zu Australien, doch sie erwiesen sich als äußerst nützlich in Wüstenregionen. Sie konnten länger ohne Wasser auskommen und schwere Lasten tragen.

Das brachte einen neuen Typ Mensch ins Land: sogenannte „Afghan Cameleers". Sie kamen meist aus Regionen des Mittleren Ostens oder Südasiens und hatten Erfahrung im Umgang mit Kamelen. So halfen sie den Europäern, ausgedehnte Strecken im Outback zu durchqueren.

Dieses Kapitel der Geschichte zeigt erneut, wie die Erforschung Australiens nicht nur von Briten, sondern auch von Menschen unterschiedlicher Herkunft betrieben wurde.

Die Suche nach Rohstoffen

Mit den Expeditionen entstand auch ein neues Interesse an Bodenschätzen. Sobald jemand Gold, Silber oder Kohle fand, verbreitete sich die Nachricht wie ein Lauffeuer. Das hatte manchmal große Auswirkungen auf die Kolonien, weil Goldsucher aus aller Welt anströmten, um ihr Glück zu versuchen.

Zwar behandeln wir den Goldrausch später im Detail, doch schon vor dem offiziellen Goldrausch gab es kleinere Funde, die Gerüchte erzeugten und weitere Entdecker ins Landesinnere lockten. So trug die Suche nach Mineralien einen Teil dazu bei, dass immer mehr Leute den Mut fassten, abseits der sicheren Küstenpfade zu ziehen.

Einfluss der Expeditionen auf die Aborigines-Gesellschaften

Die Erkundung und anschließende Landnahme hatte tiefgreifende Folgen für die Aborigines. Mit den Europäern kamen neue Krankheiten, die in vielen Gemeinschaften Tod und Leid brachten. Hinzu kam, dass das Wild vertrieben oder gezielt gejagt wurde. Damit verloren die Aborigines häufig ihre traditionelle Nahrungsquelle.

Einige Stämme versuchten, sich anzupassen, handelten mit den Siedlern oder arbeiteten als Spurensucher. Andere leisteten Widerstand. Doch gegen Gewehre und die schiere Zahl der Siedler hatten sie langfristig wenig Chancen.

Die Expeditionen waren damit auch ein Auslöser für die Ausbreitung europäischer Kontrolle über große Teile des Kontinents. Wo ein

Entdecker Land als fruchtbar meldete, kamen wenig später die Farmern und Weidebesitzer.

Fazit aus den Erkundungen

Bis etwa Mitte des 19. Jahrhunderts war zwar längst nicht das gesamte Landesinnere kartiert, aber große Bereiche des Südostens und Nordostens waren inzwischen bekannt. Man wusste, wo Flüsse flossen, welche Berge zu überwinden waren und welche Regionen für Ackerbau und Viehzucht infrage kamen.

Die Briten erkannten, dass Australien kein einheitlich fruchtbares Land war, sondern aus unterschiedlichen Klimazonen bestand. Die Vielzahl an Expeditionen hatte dabei geholfen, dieses Puzzle Stück für Stück zusammenzusetzen.

Ausblick auf den weiteren Verlauf

Die Erforschung des Landesinneren war eng verknüpft mit dem Wachstum der Kolonien. Immer mehr Siedler zogen ins Hinterland, gründeten neue Orte und weiteten den Einflussbereich Großbritanniens kontinuierlich aus.

KAPITEL 7: KONFLIKTE UND WECHSELWIRKUNGEN ZWISCHEN EUROPÄERN UND ABORIGINES

Einleitung

Nachdem die britischen Siedler und Strafgefangenen an der Ostküste Australiens Fuß gefasst hatten, dehnte sich ihr Einflussgebiet immer weiter aus. Die Erforschung des Landesinneren (siehe Kapitel 6) und das Wachstum der Kolonien führten dazu, dass immer mehr Europäer in Gebiete vordrangen, in denen Aborigines bereits seit Jahrtausenden lebten. Damit stieg auch die Zahl der Begegnungen zwischen beiden Gruppen.

Während manche Kontakte friedlich verliefen und zu Tauschhandel oder gegenseitiger Unterstützung führten, kam es in vielen Regionen zu Gewalt und Unrecht. Die Europäer brachten Waffen, neue Gesetze und ungewohnte Verhaltensweisen mit. Zudem beanspruchten sie das Land für sich, indem sie Felder und Weideflächen anlegten. Die Aborigines sahen sich oft gezwungen, ihr angestammtes Land zu verlassen, oder sie mussten zusehen, wie ihre Lebensgrundlagen schrumpften.

In diesem Kapitel betrachten wir die vielen Facetten dieser Konflikte und Wechselwirkungen. Wir schauen uns an, wie Vorurteile und Missverständnisse entstanden und warum es zu immer heftigeren Zusammenstößen kam. Gleichzeitig wollen wir auch die Situationen beleuchten, in denen Aborigines und Europäer zusammenarbeiteten,

Wissen austauschten oder sogar gegenseitigen Respekt entwickelten.

Unterschiedliche Vorstellungen von Landbesitz

Einer der Hauptgründe für Spannungen war das vollkommen unterschiedliche Verständnis von Land. Die Aborigines sahen das Land als Grundlage ihres spirituellen und alltäglichen Lebens. Orte waren heilig, weil sie in den Liedern und Geschichten der Traumzeit vorkamen. Das Land gehörte nicht einzelnen Personen, sondern allen, die in engem Austausch mit den Ahnenwesen standen.

Die Europäer hingegen brachten ihre Vorstellung von Privatbesitz mit. Sie wollten Land vermessen, Zäune ziehen und es für Ackerbau oder Viehzucht nutzen. Nach den Gesetzen, die in Europa galten, meinten sie, Australien sei „Terra nullius" – also Niemandsland, weil es keine großen, eingezäunten Felder und festen Häuser gab.

Dieser Irrtum führte dazu, dass europäische Siedler Landstücke einfach in Besitz nahmen. Sie dachten, niemand habe dort zuvor „offiziell" gewohnt. Die Aborigines sahen dies jedoch als Verletzung ihrer althergebrachten Gewohnheiten und Beziehungen zum Land an.

Frühe Missverständnisse und Vorurteile

In den ersten Kontakten zu den Aborigines fehlten oft Dolmetscher und kulturelles Verständnis. Schon kleine Gesten oder Handlungen konnten zu Missverständnissen führen. Wenn ein Aborigine sich zum Beispiel an einem Zaun der Siedler zu schaffen machte, um Holz für ein Lagerfeuer zu holen, sahen die Europäer darin gleich einen Diebstahl. Umgekehrt verstanden Aborigines oft nicht, warum sie an manchen Orten nicht mehr jagen oder Früchte sammeln sollten.

Solche Situationen führten manchmal zu hitzigen Auseinandersetzungen, bei denen Waffen eingesetzt wurden. Die Europäer besaßen Gewehre, die auf Distanz tödlich sein konnten. Die Aborigines hatten traditionelle Waffen wie Speere und Bumerangs, doch sie waren gegenüber Schusswaffen klar im Nachteil.

Zu den Vorurteilen zählte auch die Idee mancher Europäer, dass Aborigines „rückständig" seien und keine „richtige" Kultur hätten. Diese herablassende Sicht ignorierte die jahrtausendealte Geschichte und die komplexen Traditionen der Aborigines. Das trug dazu bei, dass man ihre Rechte und ihren Widerstand kaum ernst nahm.

Erste Konflikte im Raum Sydney

Schon kurz nach der Gründung von Sydney Cove (siehe Kapitel 4) kam es zu Auseinandersetzungen mit den dort lebenden Eora und Dharug. Die Siedler breiteten sich in Gebieten aus, in denen Aborigines bislang lebten und jagten. Ressourcen wie Fisch, Kängurus oder Wasserstellen wurden von den Europäern beansprucht.

Manchmal wehrten sich einzelne Aborigines, indem sie Felder zerstörten oder Siedler angriffen. Die Antwort der Kolonialverwaltung war meist hart: Man führte bewaffnete Patrouillen in die Gebiete, die Menschen verjagten oder sogar töteten.

Dennoch gab es auch einzelne Bemühungen zum friedlichen Zusammenleben. Gouverneur Arthur Phillip versuchte anfangs, gute Beziehungen aufzubauen. Er nahm beispielsweise Kontakt zu einem Mann namens Bennelong auf, der zu den Eora gehörte. Bennelong sollte eine Art Vermittler werden. Doch diese Bemühungen stießen an Grenzen, weil zu viele Siedler zu wenig Verständnis für die Lebensweise der Aborigines hatten.

Konfrontationen beim Vordringen ins Hinterland

Als sich die Kolonie New South Wales in Richtung der Blue Mountains und weiter ins Landesinnere ausweitete, wiederholte sich das Muster. Europäische Siedler kamen mit Schafen und Rindern in ein neues Gebiet, fanden Aborigines vor, die dort lebten und Nahrung suchten. Wenn die Ureinwohner merkten, dass ihre Lebensgrundlage schrumpfte, gingen sie teils auf die Herden los, um Fleisch zu beschaffen, oder sie griffen Außenposten an.

Die Europäer reagierten mit Strafexpeditionen. Kleine Trupps von Polizisten, Soldaten oder auch privaten Farmern taten sich zusammen, um Aborigines zu vertreiben oder zu töten. Diese Gewalt wurde in Europa lange Zeit kaum wahrgenommen oder heruntergespielt. Man sprach von „Auseinandersetzungen" oder „Zusammenstößen", obwohl oft unschuldige Menschen darunter litten.

Auf diese Weise entstand ein regelrechter „Grenzkrieg" (auch Frontier Conflicts genannt), bei dem sich Siedlungsgebiete immer weiter ausbreiteten und die Aborigines immer stärker zurückgedrängt wurden. Schätzungen gehen davon aus, dass in diesem Rahmen sehr viele Aborigines ihr Leben verloren.

Konflikte in Van Diemen's Land (Tasmanien)

Besonders heftig waren die Auseinandersetzungen in Van Diemen's Land, dem heutigen Tasmanien. Hier lebten verschiedene Aborigines-Gemeinschaften, die über Generationen hinweg ihre eigenen Gebräuche und Gebiete hatten.

Als britische Siedler ab Beginn des 19. Jahrhunderts auf die Insel kamen, begannen sie recht schnell mit großflächigem Ackerbau und Schafhaltung. Die Aborigines verloren dabei große Teile ihres Landes. Da sie manchmal die Schafe der Siedler jagten oder Siedlungen angriffen, kam es ab den 1820er Jahren zu brutalen Vergeltungsaktionen.

Eine von der Regierung angeordnete Aktion war die sogenannte „Black Line" (1830). Dabei bildeten Hunderte von Soldaten, Siedlern und Sträflingen eine Menschenkette, um die Aborigines vor sich herzutreiben und sie in ein kleines Gebiet zu sperren. Diese Aktion kostete viel Geld und brachte kaum den gewünschten Erfolg. Dennoch zeigt sie, wie hart die Kolonialregierung versuchte, die Aborigines zu kontrollieren oder zu vertreiben.

In Tasmanien führte das letztlich zu einer fast vollständigen Verdrängung der Aborigines. Viele starben an Krankheiten oder durch Gewalt. Die Überlebenden wurden in entlegene Gebiete gebracht. Diese Zeit wird oft als besonders düsteres Kapitel der australischen Geschichte angesehen.

Myall-Creek-Massaker und seine Folgen

Ein weiteres Beispiel für die Gewalt gegenüber Aborigines ist das Myall-Creek-Massaker von 1838 in New South Wales. Eine Gruppe von Farmern und ehemaligen Sträflingen griff dort etwa 30 friedliche Aborigines an, darunter Frauen und Kinder, und ermordete sie.

Was dieses Ereignis besonders machte, war die Tatsache, dass einige der Täter vor Gericht gestellt und tatsächlich zum Tode verurteilt wurden. Dies war ein sehr seltenes Beispiel dafür, dass das Rechtssystem der Kolonie die Ermordung von Aborigines verurteilte. Viele europäische Siedler waren darüber empört, weil sie glaubten, dass Aborigines „minderwertig" seien und man solche Taten nicht bestrafen sollte.

Dennoch zeigt der Prozess, dass es auch Stimmen in der Kolonie gab, die ein gewisses Maß an Gerechtigkeit forderten. Dieser Vorfall blieb jedoch eine Ausnahme. Viel häufiger kam es zu Massakern, die ungesühnt blieben, weil keine Zeugen aussagten oder die Behörden wegsahen.

Widerstand und bekannte Anführer

Trotz der Übermacht der Siedler und Soldaten leisteten manche Aborigines-Gemeinschaften erheblichen Widerstand. Sie versuchten, ihr Land und ihre Kultur zu verteidigen.

Pemulwuy: Er war ein bekannter Anführer der Eora im Gebiet um Sydney. Pemulwuy organisierte ab Ende des 18. Jahrhunderts Angriffe auf Siedlungen, um die Europäer von seinen traditionellen Jagdgebieten fernzuhalten. Er wurde mehrfach verwundet, aber immer wieder gesund. Letztlich wurde er 1802 getötet.

Windradyne: Dieser Anführer der Wiradjuri führte in den 1820er Jahren einen erbitterten Kampf gegen Siedler im Gebiet westlich der Blue Mountains. Seine Aktionen galten als ernsthafte Bedrohung für die jungen Farmen. Später versuchte Windradyne, Friedensverhandlungen zu führen, aber das Misstrauen blieb auf beiden Seiten hoch.

Jandamarra: Ein Krieger der Bunuba in der Region des heutigen Nordwestens von Australien (Ende des 19. Jahrhunderts). Er kämpfte gegen Polizisten und Siedler, die das Land seiner Gemeinschaft in Besitz nahmen. Lange Zeit war er erfolgreich im Guerillakampf, bis er schließlich gestellt und getötet wurde.

Diese Beispiele zeigen, dass der Widerstand vielfältig war. Mancher kämpfte offen mit Speeren oder Schusswaffen, andere setzten auf Guerillataktiken oder verließen die bedrohten Gebiete. Doch auf Dauer konnten sich die Gemeinschaften der Aborigines nicht gegen die zahlenmäßig und waffentechnisch überlegene Kolonialmacht behaupten.

Krankheiten und ihr verheerender Einfluss

Neben den direkten Gewalttaten forderten eingeschleppte Krankheiten viele Opfer unter den Aborigines. Die Europäer brachten Viren und Bakterien mit, gegen die die Ureinwohner keinen Immunschutz hatten: Pocken, Masern, Grippe und andere Krankheiten verbreiteten sich rasch.

Besonders Pocken hatten im frühen 19. Jahrhundert verheerende Auswirkungen. Manche Stämme verloren große Teile ihrer Bevölkerung. Auch Masernwellen traten wiederholt auf und dezimierten Dörfer und Familien.

Durch diese Krankheiten wurden die Gemeinschaften geschwächt, was es ihnen noch schwerer machte, ihr Land zu verteidigen oder ihren Lebensstil zu bewahren. Das führte wiederum zu einer leichteren Landnahme seitens der Europäer.

Spirituelle und kulturelle Verluste

Für die Aborigines war die Vertreibung nicht nur ein materieller Verlust, sondern auch ein spiritueller. Wenn sie bestimmte Gebiete nicht mehr betreten konnten, verloren sie den Zugang zu heiligen Stätten und Ahnenwegen. Zeremonien konnten nicht mehr in gewohnter Form abgehalten werden, was das spirituelle Gleichgewicht vieler Gruppen störte.

Manche Missionare der christlichen Kirchen versuchten, Aborigines zum Christentum zu bekehren. Das führte einerseits dazu, dass manche Aborigines neue Wege fanden oder sich an missionarischen Siedlungen ansiedelten, in denen sie Schutz vor Gewalt suchten. Andererseits löste es bei vielen Ureinwohnern innere Konflikte aus, weil es die Verbundenheit mit der eigenen Tradition infrage stellte.

Die Missachtung indigener Sprachen und Riten durch viele Siedler sorgte außerdem dafür, dass traditionelle Kenntnisse, Tänze und Gesänge weniger praktiziert wurden. Später, im 19. Jahrhundert, versuchten einige Forscher, Teile davon zu dokumentieren, weil sie erkannten, dass hier ein großer Verlust an kulturellem Erbe drohte.

Zusammenleben in Randgebieten

Trotz all dieser Schwierigkeiten kam es in manchen Regionen zu einem gewissen Miteinander. Einige Aborigines fanden Arbeit auf Schaffarmen oder als Fährleute, weil sie sich in der Natur gut auskannten. Siedler nutzten das Wissen der Ureinwohner über Wasserstellen, Jagdtiere und essbare Pflanzen.

Manche Gruppen gingen sogar Tauschgeschäfte ein. Die Europäer bekamen frisches Fleisch oder Früchte, während die Aborigines Kleidung oder Werkzeuge erhielten. Diese friedlichen Kontakte waren jedoch oft von der Unsicherheit geprägt, wann sich die Kolonialmacht wieder durchsetzen würde.

Auch gab es Aborigines, die ihrerseits Neugier auf die fremde Kultur der Europäer entwickelten. Sie wollten Dinge wie Mehl, Tee oder Tabak ausprobieren, die es in ihrer Gesellschaft so nicht gab. Solche Begegnungen führten manchmal zu neuen Lebensweisen.

Versuche offizieller Politik

Im Laufe des 19. Jahrhunderts gab es in den verschiedenen Kolonien Ansätze, die Beziehungen zwischen Siedlern und Aborigines zu regeln. Einige Kolonialregierungen setzten sogenannte Protektoren ein, die die Aborigines vertreten sollten. Doch diese Protektoren hatten meist wenig Macht und konnten kaum verhindern, dass Siedler das Land weiter besetzten.

Zudem gründeten religiöse Gruppen Missionsstationen, um Aborigines zu „zivilisieren" und zum christlichen Glauben zu bekehren. In manchen Fällen schützten sie die Ureinwohner vor gewaltsamen Übergriffen. In anderen Fällen aber bedeutete das Leben in den Missionen den Verlust der alten Traditionen und die Anpassung an strenge Regeln, die von europäischen Wertvorstellungen geprägt waren.

Insgesamt fehlte es jedoch an echtem Respekt für die Rechte der Aborigines. Die meisten Entscheidungen wurden ohne ihre Zustimmung getroffen.

Wirtschaftliche Ausbeutung und Abhängigkeiten

Weil viele Aborigines durch die europäischen Siedlungen von ihren angestammten Nahrungsquellen abgeschnitten waren, gerieten sie in eine wirtschaftliche Abhängigkeit von den Kolonisten. Sie mussten oft das annehmen, was man ihnen an Nahrung oder Kleidung gab, oder sie versuchten, durch Arbeit auf Farmen zu überleben.

Dadurch entstand eine Spirale: Wer auf einer Farm arbeitete, konnte manchmal Geld verdienen oder Nahrung erhalten, verlor aber zugleich die Fähigkeit, eigenständig zu jagen und sich zu versorgen. Wenn dann Arbeit knapp war oder Lohn nicht gezahlt wurde, gerieten die Menschen in große Not.

Einige Aborigines-Gruppen versuchten, in entlegenere Gebiete auszuweichen, um den Europäern zu entkommen. Doch auch dort stießen sie früher oder später auf neue Siedler oder Erkundungsreisende, die den Boden beanspruchten.

Bedeutende Ereignisse und Wendepunkte

Im Laufe des 19. Jahrhunderts kam es immer wieder zu Ereignissen, die den Blick auf die Konflikte kurzzeitig änderten. Das Myall-Creek-Massaker (1838) ist eines davon, weil es die Frage aufwarf, ob Aborigines den gleichen Schutz durch die Gesetze genießen sollten wie weiße Siedler.

Ein weiteres Beispiel war der „Batman-Vertrag" (Batman's Treaty) von 1835 in Victoria. Der Siedler John Batman versuchte, mit einigen Aborigines-Gruppen schriftliche Abmachungen zu treffen und im Austausch für Decken und Werkzeuge Land zu erwerben. Später erklärte die Regierung diesen „Vertrag" allerdings für ungültig, da man offiziell der Meinung war, die Aborigines besäßen das Land nicht in einem europäischen Sinne.

Solche Momente zeigen, dass es immer wieder Personen gab, die versuchten, andere Wege zu gehen, sei es aus Respekt, Neugier oder Eigeninteresse. Doch die grundsätzliche Einstellung der Kolonien blieb meist: das Land zu nutzen, ohne die Rechte der Aborigines als gleichwertig anzuerkennen.

Allmähliche Verdrängung vieler Gemeinschaften

Gegen Mitte des 19. Jahrhunderts hatte sich das Kolonialsystem auf weite Teile der Ost- und Südküste ausgedehnt. Queensland, Victoria und andere Regionen entwickelten sich zu eigenen Kolonien (wir werden dies in späteren Kapiteln näher behandeln).

Die Aborigines wurden meist an den Rand der Siedlungsgebiete gedrängt oder lebten in Reservaten, die man ihnen zugewiesen hatte. Diese Reservate lagen nicht unbedingt in den Gegenden, aus denen sie stammten. Das erschwerte den Erhalt kultureller Traditionen.

In vielen Gebieten waren die Aborigines zur Minderheit geworden, sodass ihre Gegenwehr wenig Einfluss hatte. Zwar brachen weiterhin vereinzelt Widerstände aus, doch sie wurden von der Kolonialpolizei rasch unterdrückt.

Religiöse und humanitäre Stimmen

Trotz der oft grausamen Politik gab es innerhalb der Kolonien und auch in England kritische Stimmen. Manche Menschenrechts- und Missionsgesellschaften forderten ein faireres Vorgehen gegenüber den Aborigines. Sie verwiesen auf die biblische Lehre der Nächstenliebe oder betonten, dass die Aborigines menschliche Wesen mit eigenen Rechten seien.

Diese Gruppen setzten sich beispielsweise für bessere medizinische Versorgung ein oder wollten dafür sorgen, dass Gewalt gegen Aborigines vor Gericht verfolgt wurde. Sie waren jedoch in der Minderheit und konnten den allgemeinen Trend der Landnahme nicht aufhalten.

Wissenstransfer und positive Beispiele

Es gab auch Bereiche, in denen Aborigines und Europäer positiv zusammenarbeiteten:

Sprachforschung: Einige Geistliche oder Forscher lernten indigene Sprachen, um die Menschen besser zu verstehen oder das Evangelium zu verkünden. Dabei dokumentierten sie Vokabeln und Grammatik, was später half, Teile der Sprachen zu erhalten.

Buschkenntnisse: Siedler, die auf der Suche nach Vieh, Gold oder neuen Ackerflächen in unbekanntes Land vordrangen, profitierten oft von Aborigines, die ihnen Wege durch den Busch zeigten und beim Auffinden von Wasser halfen.

Fremde Pflanzen und Nahrung: Europäer lernten, dass manche einheimischen Pflanzen essbar waren oder heilende Wirkungen hatten. Aborigines erklärten gelegentlich, wie man bestimmte Früchte zubereiten musste, um sie ohne Gefahr essen zu können.

All diese Beispiele zeigen, dass es nicht nur Gewalt und Ungerechtigkeit gab, sondern gelegentlich auch gegenseitigen Respekt und Austausch von Wissen.

Langfristige Folgen

Bis zum Ende des 19. Jahrhunderts waren große Teile Australiens von europäischen Siedlern erschlossen. Die Aborigines litten unter starkem Bevölkerungsrückgang, teilweise ausgelöst durch Krankheiten und Massaker. Außerdem waren viele in Abhängigkeitssysteme geraten.

Ihre Kulturen wurden unterdrückt. In Schulen und Missionsstationen sollte der europäische Lebensstil vermittelt werden, während indigene Traditionen als „unzivilisiert" galten. Viele Sprachen gingen verloren oder überlebten nur in kleinen Gemeinschaften.

Diese Entwicklung prägte das Verhältnis zwischen Aborigines und Europäern für lange Zeit. Erst viel später (nach dem Rahmen unserer Darstellung) sollten größere Anstrengungen unternommen werden, dieses Unrecht anzuerkennen und Schritte zur Versöhnung zu gehen.

Beispiele für Friedensbemühungen

Während die Geschichte Australiens in dieser Zeit stark von Konflikten geprägt ist, darf man nicht vergessen, dass es auch immer wieder Menschen gab, die Brücken bauten. In einigen Gegenden wurden Abkommen geschlossen, etwa dass Aborigines gewisse Bereiche betreten und dort jagen durften, während Siedler sie im Gegenzug mit bestimmten Waren versorgten.

Zudem gab es Fälle, in denen Aborigines Kinder von Siedlern aufzogen, etwa wenn deren Eltern gestorben waren. Solche Einzelfälle zeigen, dass die Realität nicht schwarz-weiß war. Es gab sehr wohl Raum für Verständnis und Miteinander, doch wurde dieser Raum von den großen Machtstrukturen oft eingeengt.

KAPITEL 8: DIE ENTWICKLUNG DER LANDWIRTSCHAFT UND DES HANDELS

Einleitung

Während die Kolonien in Australien wuchsen und neue Gebiete erschlossen wurden, spielte die Landwirtschaft eine immer wichtigere Rolle. Zu Beginn war es vor allem notwendig, die Siedler und Strafgefangenen mit Lebensmitteln zu versorgen, damit die Kolonie nicht verhungerte. Doch schon bald erkannte man, dass Australien große landwirtschaftliche Möglichkeiten bot.

In diesem Kapitel schauen wir uns an, wie sich die Landwirtschaft von den ersten bescheidenen Feldern in Sydney Cove zu einem bedeutenden Wirtschaftszweig entwickelte. Dabei betrachten wir vor allem die Rinder- und Schafzucht, die Ackerflächen und den wachsenden Handel. Wir werden sehen, dass die Landwirtschaft eng mit dem Ausbau von Transportwegen verbunden war und der Handel das Bild der Kolonien nachhaltig prägte.

Zudem spielt der internationale Markt eine Rolle: Die Nachfrage nach australischen Produkten wie Wolle oder Getreide wuchs, und so entstand ein reger Austausch mit Großbritannien und anderen Ländern. Durch diesen Handel gewann Australien an Bedeutung und zog mehr Einwanderer an, die ihr Glück auf dem Kontinent versuchten.

Frühe Landwirtschaft in Sydney und Parramatta

Am Anfang war die landwirtschaftliche Produktion sehr mühsam. Die Siedler kannten das australische Klima nicht, der Boden rund um Sydney war steinig und trocken. Dennoch versuchten sie, Gemüse, Getreide und Obstbäume anzubauen.

In Parramatta, ein Stück landeinwärts, fanden sie bessere Böden. Dort entstanden die ersten größeren Felder, die dank der Nähe zum Fluss bewässert werden konnten. Sträflinge wurden eingesetzt, um Land zu roden, Bäume zu fällen und alles vorzubereiten.

Die Erträge blieben jedoch lange Zeit unsicher. Extreme Wetterlagen wie Dürre oder Überschwemmungen stellten die Bauern vor Probleme. Außerdem fehlten anfangs ausreichende Kenntnisse darüber, welche Sorten sich an das australische Klima anpassen ließen.

Trotzdem gelang es allmählich, eine gewisse Grundversorgung mit Weizen und Mais aufzubauen. Auch erste Gärten, in denen Kohl, Bohnen oder Kartoffeln wuchsen, halfen, die Kolonisten zu ernähren.

Aufbau einer Schaf- und Rinderzucht

Schon früh erkannte man, dass Australiens weite Grasflächen sich für die Tierhaltung eignen könnten. Mit der Zeit wurden Rinder und Schafe aus Europa eingeführt, die sich im Landesinneren ausbreiten sollten.

Rinder boten Fleisch und Milch, während Schafe nicht nur Fleisch, sondern vor allem auch Wolle lieferten. Da die Textilindustrie in Großbritannien im 19. Jahrhundert florierte, stieg die Nachfrage nach Wolle. Australische Schafzüchter begannen daher, auf große Herden zu setzen.

Merinoschafe: Eine besonders wichtige Rasse war das Merinoschaf, das ursprünglich aus Spanien stammte. Es lieferte sehr feine Wolle, die sich in Europa gut verkaufen ließ. Farmer in Australien züchteten Merinoschafe in großer Zahl und konnten hohe Preise für die Wolle erzielen.

Weideflächen: Damit eine große Schafherde ernährt werden konnte, benötigte man riesige Flächen. Viele dieser Flächen waren zuvor von Aborigines genutzt worden. Nun wurden sie eingezäunt und den neuen Farmen zugeschlagen.

Die Schafzucht breitete sich vor allem in New South Wales und in dem Gebiet, das später Victoria wurde, rasant aus. Auch in Teilen von South Australia und Queensland entstanden große Schaffarmen (Stations genannt).

Der Begriff „Squatter"

Mit dem Vordringen der Schaf- und Rinderzüchter tauchte der Begriff „Squatter" auf. Damit bezeichnete man Europäer, die ohne offizielle Erlaubnis ins Hinterland gingen, um dort Tiere zu weiden.

Sie „besetzten" praktisch das Land, ohne es formell gekauft oder gepachtet zu haben.

Da das Land in den Augen der Regierung ohnehin als „freies Kronland" galt (was wiederum die Rechte der Aborigines ignorierte), wurde dieses Vorgehen anfangs toleriert. Später versuchte man, rechtliche Grundlagen für das Land zu schaffen. Viele „Squatter" legalisierten daraufhin ihren Besitz und bauten stattliche Farmen auf.

Diese Farmen wurden zum Symbol des wachsenden Wohlstands für manche Siedlerfamilien. Wer als Squatter erfolgreich war, konnte binnen weniger Jahre zu einem wohlhabenden Schafbaron werden, insbesondere wenn man günstige Pachtverträge mit der Kolonialregierung abschloss.

Technische Entwicklungen und Herausforderungen

Die Landwirtschaft in Australien hatte ihre eigenen Herausforderungen:

Wassermangel: In vielen Regionen regnete es unregelmäßig. Daher war es wichtig, Regenwasser zu sammeln oder Brunnen zu graben. Wo Flüsse vorhanden waren, nutzte man Bewässerungsgräben.

Schädlinge: Europäische Pflanzen waren manchmal anfällig für heimische Insekten und Krankheiten. Auch eingebürgerte Tiere wie Kaninchen (später eingeführt) richteten große Schäden an.

Klima: Oft herrschten heißere Sommer als in Europa. Manche Getreide- oder Obstsorten wuchsen nur zögerlich, während andere besser gediehen.

Transport: Selbst wenn man gute Ernten hatte, musste man die Waren in die Städte oder Häfen bringen. Das Straßennetz war anfangs rudimentär, und es gab nur wenige Brücken.

Dennoch wurden neue Techniken eingeführt, etwa bessere Pflüge, Mähmaschinen oder Scherwerkzeuge für Schafe. Man lernte von Fehlern, experimentierte mit neuen Sorten und verbesserte nach und nach die Erträge.

Ackerbau und Vielfalt

Obwohl Schaf- und Rinderzucht oft im Mittelpunkt standen, war der Ackerbau keineswegs unwichtig. Man baute Weizen, Gerste und Mais an, aber auch Gemüse wie Kartoffeln, Erbsen und Zwiebeln. In manchen Gebieten, zum Beispiel in South Australia, entstanden bald Weinberge, da das Klima in manchen Regionen ähnlich wie in Südfrankreich oder Spanien war.

Mit der Zunahme freier Siedler, die nicht mehr nur Sträflinge waren, kamen oft neue Ideen in die Kolonien. Handwerker, Bauern und Händler aus England, Irland oder anderen Teilen Europas brachten ihr Wissen und manchmal auch Samen und Setzlinge mit.

In Gegenden wie dem Hunter Valley oder den fruchtbaren Regionen am Murray River legten Familien Obstgärten an oder bauten Hopfen und Gemüse an. Auch Zuckerrohr wurde im feucht-warmen Norden (etwa in Queensland) ein Thema, jedoch vorerst nur in kleinem Umfang.

Rolle der Sträflinge und freien Arbeiter

Die schweren Arbeiten in der frühen Landwirtschaft übernahmen häufig Sträflinge, die als „Assigned Servants" einem Farmer zugewiesen wurden. Sie rodeten Wälder, bauten Zäune und halfen bei der Ernte.

Mit der Zeit endete das Strafgefangenensystem in den meisten Kolonien (siehe Ende Kapitel 5). Danach begann man, verstärkt freie Arbeiter anzuwerben. Es wurden sogar spezielle Programme aufgelegt, um Handwerker und Landarbeiter aus Großbritannien oder anderen Ländern nach Australien zu holen.

Diese Arbeiter waren oft froh, der Armut in Europa zu entfliehen und in Australien ein neues Leben zu beginnen. Auf den Farmen oder Stations fanden sie Arbeit, wenn auch die Bedingungen oft hart waren. Manche schafften es, nach einigen Jahren genügend Geld zu sparen, um selbst ein kleines Stück Land zu kaufen.

Erste Handelswege und Transporte

Der Export von Wolle und anderen landwirtschaftlichen Produkten war nur möglich, wenn die Ware die Häfen erreichte. Daher spielten Kutschen, Pferde und Ochsenkarren eine große Rolle. Auf staubigen Pisten führte man die Tiere beladen mit Ballen von Wolle oder Säcken mit Getreide zum nächstgelegenen Hafen.

Von dort aus gingen die Güter per Schiff nach Sydney, Melbourne oder Adelaide, wo sie umgeschlagen und in größere Segler oder Dampfschiffe verfrachtet wurden, die schließlich nach Großbritannien segelten. Solche Reisen über die Weltmeere waren langwierig und dauerten manchmal mehrere Monate.

Mit dem Bau besserer Straßen, und später (im späteren 19. Jahrhundert) mit der Einführung von Eisenbahnstrecken, wurde der Transport sicherer und schneller. Die wachsende Infrastruktur ermöglichte höhere Erträge und trug zur wirtschaftlichen Entwicklung bei.

Aufstieg der Wollindustrie

Im 19. Jahrhundert erlebte die britische Textilindustrie einen Boom. Sie brauchte viel Rohwolle, die zu feinen Stoffen verarbeitet wurde. Australien wurde zu einem wichtigen Lieferanten.

Qualität der Merinowolle: Australische Züchter verbesserten die Merinoschafe laufend. Sie achteten auf den Faser-Durchmesser und die Menge der Wolle pro Schaf.

Große Schaffarmen: Je größer die Farm, desto mehr Wolle. Manche Landbesitzer hielten Zehntausende von Schafen.

Shearing-Sheds: Beim Scheren arbeiteten geübte Schafscherer, die innerhalb eines Tages dutzende oder gar hunderte Schafe scheren konnten. Die geschorene Wolle wurde gepresst, in Ballen verpackt und dann per Kutsche oder Bahn zum Hafen transportiert.

Dieser Wollreichtum machte aus manch einem Squatter oder Großfarmer einen einflussreichen und wohlhabenden Mann. Ein Sprichwort sagte einmal, Australien sei „auf dem Rücken des Schafes" aufgebaut worden – ein Hinweis, wie wichtig die Wollwirtschaft für die Entwicklung war.

Handel mit anderen Gütern

Neben Wolle exportierte Australien auch andere Produkte, wenn auch in geringerer Menge:

Getreide: Weizen oder Gerste aus South Australia erreichte manchmal Großbritannien oder angrenzende Märkte.

Fleisch: Frischfleisch zu exportieren war anfangs schwierig, weil es keine Kühltechnik gab. Getrocknetes oder gesalzenes Fleisch jedoch war als Schiffsproviant gefragt.

Holz: In manchen Regionen schlug man Holz aus Eukalyptuswäldern, das zu Bauzwecken genutzt werden konnte.

Walfang und Robbenjagd: An den Küsten betrieb man zudem Walfang. Walöl war ein begehrter Rohstoff für Lampen. Robbenfelle kamen ebenfalls in den Handel.

Im Gegenzug erhielt Australien aus Großbritannien oder anderen Ländern Industriewaren: Maschinen, Metalle, Tuch, und später auch Konsumgüter wie Porzellan oder Möbel. Dieser Warenaustausch stärkte die Bindungen zwischen den Kolonien und dem Mutterland.

Einfluss des Goldrauschs auf die Landwirtschaft

In den 1850er Jahren begann in Victoria und anderen Teilen Australiens ein Goldrausch (dies wird in einem späteren Kapitel noch genauer behandelt). Dieser hatte auch Auswirkungen auf die Landwirtschaft und den Handel.

Nachfrage nach Lebensmitteln: Durch den Goldrausch kamen Tausende von neuen Einwanderern ins Land. Sie brauchten Brot, Fleisch und Gemüse. Für die Farmer bedeutete das gute Geschäfte.

Arbeitskräfte: Viele Landarbeiter verließen ihre Jobs, um selbst nach Gold zu suchen. Das führte zu Engpässen auf manchen Farmen.

Geld für Investitionen: Einige Goldgräber wurden reich und investierten später in Ackerland oder Schafherden. Damit bekam die Landwirtschaft neues Kapital.

So führte der Goldrausch zu einem Wachstumsschub für Australiens Wirtschaft, von dem auch die Bauern und Züchter profitierten.

Hafenstädte und Handelshäuser

Große Mengen an Wolle, Weizen und anderen Waren passierten die Häfen von Sydney, Melbourne, Adelaide, Hobart oder Brisbane. Dort entstanden Handelshäuser und Lagerhallen. Kaufleute organisierten den Export nach Europa oder Nordamerika.

Diese Kaufleute finanzierten oft auch Expeditionen ins Hinterland, um neue Weideflächen zu erschließen oder erwarben große

Landstücke. Manche gründeten Banken oder Versicherungsfirmen, die das Wachstum zusätzlich förderten.

So wurden die Hafenstädte zu pulsierenden Zentren. Schiffe kamen und gingen, Matrosen und Arbeiter luden Waren aus, Gastwirte und Händler bedienten Passagiere. Mit dem wachsenden Wohlstand entstanden neue Gebäude wie Rathäuser, Kirchen oder Theater, die den Kolonien einen städtischen Charakter verliehen.

Verbindung von Landwirtschaft und Transport-Infrastruktur

Im Laufe des 19. Jahrhunderts erkannte man, dass eine bessere Erschließung des Landes die Landwirtschaft ankurbeln würde. Also plante man den Ausbau von Straßen, Brücken und Eisenbahnlinien.

Straßen: Zunächst entstanden Verbindungen zwischen den wichtigsten landwirtschaftlichen Gebieten und den Häfen. Man baute Trassen durch Berge, legte Schotter auf oder errichtete einfache Holzkonstruktionen, um Flüsse zu überqueren.

Postkutschen: Postkutschen beförderten Briefe, kleine Waren und Reisende. Sie waren an bestimmte Routen gebunden und stoppten regelmäßig an Gasthäusern, wo die Pferde ausgetauscht und die Passagiere sich stärken konnten.

Eisenbahnen: Ab der Mitte des 19. Jahrhunderts begann man, kurze Bahnstrecken zu bauen, zunächst rund um die großen Städte. Später entstanden längere Strecken, die das Hinterland erschlossen. So konnte Wolle oder Getreide schneller und in größeren Mengen transportiert werden.

Dieser Ausbau machte Australien attraktiver für weitere Einwanderer, die in den entlegeneren Regionen nun bessere Chancen sahen, ihre Farmen zu vermarkten.

Arbeitsbedingungen in der Landwirtschaft

Das Leben auf einer Farm oder einer Station war nicht leicht. Die Arbeitstage begannen oft bei Sonnenaufgang. Man musste Tiere versorgen, Zäune reparieren und Felder bestellen.

Schafscherer: Während der Schur-Saison arbeiteten sie stundenlang in großen Hallen, in denen es heiß und staubig war. Sie wurden meist pro geschorenes Schaf bezahlt, was zu einem harten Wettkampf führte. Gute Schafscherer genossen hohes Ansehen.

Landarbeiter: Sie erhielten oft nur einen geringen Lohn und mussten in einfachen Hütten leben. Sicherheiten wie Altersvorsorge oder medizinische Versorgung gab es kaum.

Frauen: Sie übernahmen das Kochen, das Wäschewaschen und das Versorgen von Kindern, manchmal auch das Melken von Kühen oder das Hüten von Hühnern. In abgelegenen Gegenden waren Frauen und Männer gleichermaßen gefordert, weil jede helfende Hand gebraucht wurde.

Dennoch sahen viele Arbeiter in diesem harten Alltag eine Chance, in Australien ein neues Leben zu beginnen und vielleicht irgendwann eigenen Grund und Boden zu besitzen.

Landwirtschaftliche Gesellschaften und Märkte

Mit der Zeit gründeten sich sogenannte Landwirtschaftliche Gesellschaften, in denen Bauern und Züchter Erfahrungen austauschten. Sie organisierten Märkte, Messen und Wettbewerbe, um etwa die besten Schafe oder das schönste Obst auszuzeichnen.

Solche Veranstaltungen fanden in größeren Orten statt und waren oft ein gesellschaftliches Ereignis. Familien reisten an, um

Neuigkeiten zu erfahren, Saatgut zu tauschen oder landwirtschaftliche Geräte zu begutachten.

Auch ländliche Zeitungen entstanden, die über Ernteergebnisse, Tierzucht und Marktentwicklungen berichteten. Das half den Bauern, sich besser auf Preise und Nachfrage einzustellen.

Beziehungen zu den Aborigines in der Landwirtschaft

Wie bereits in Kapitel 7 beschrieben, mussten viele Aborigines miterleben, wie ihr Land in Farm- und Weideflächen umgewandelt wurde. Manche siedelten gezwungenermaßen in Reservaten oder Missionsstationen. Andere suchten Arbeit auf den Farms.

Einige Farmer nutzten das Wissen der Aborigines über die heimische Tier- und Pflanzenwelt. So konnten sie von deren Erfahrung im Fährtenlesen und bei der Jagd profitieren. Auch als Reiter auf Rinderfarmen, sogenannte Stockmen, erlangten manche Aborigines einen guten Ruf.

Trotzdem blieb das Grundproblem der Landenteignung bestehen. Die wirtschaftliche Entwicklung kam in erster Linie den weißen Siedlern zugute, während viele Ureinwohner weiterhin in Armut lebten oder ihre Kultur nur eingeschränkt ausüben konnten.

Entstehung lokaler Industrien

Mit der wachsenden Landwirtschaft bildeten sich auch erste lokale Verarbeitungsbetriebe: Mühlen, Gerbereien, Brauereien, Schlachthäuser. Dies schuf zusätzliche Arbeitsplätze und machte die Kolonien unabhängiger von teuren Importen.

Mühlen: Getreide konnte gemahlen und zu Mehl verarbeitet werden. Dies erleichterte das Backen von Brot in den Kolonien.

Gerbereien: Rinderhäute wurden zu Leder verarbeitet, das man für Schuhe, Sattel und andere Produkte benötigte.

Brauereien und Destillerien: Mit Gerste und anderen Zutaten konnte man Bier oder Spirituosen herstellen, was in den Siedlungen sehr gefragt war.

Diese kleinen Industriezweige erleichterten das Leben der Bevölkerung. Man war nicht mehr vollständig auf den Schiffsnachschub aus England angewiesen.

Zwischenstand: Wirtschaftlicher Fortschritt und soziale Spannungen

Um die Mitte des 19. Jahrhunderts war klar, dass Australien wirtschaftlich immer wichtiger wurde. Die Wollindustrie lief hervorragend, der Ackerbau versorgte sowohl die eigenen Leute als auch manche Auslandsmärkte. Neue Städte entstanden, Häfen wuchsen, und das Transportwesen entwickelte sich.

Gleichzeitig führten diese Entwicklungen zu sozialen Spannungen:

Große Landbesitzer vs. Kleinbauern: Viele Flächen waren in Händen weniger Familien, die ausgedehnte Schafstationen betrieben. Kleinbauern hatten es schwer, an gutes Land zu kommen.

Arbeiter vs. Unternehmer: Löhne, Arbeitsbedingungen und Wohnverhältnisse waren nicht immer gut. Erste Ansätze von Arbeiterbewegungen und Gewerkschaften kamen auf.

Aborigines vs. Kolonisten: Die Ureinwohner, die ihr Land verloren hatten, wurden an den Rand gedrängt. Manche fanden in der Landwirtschaft Arbeit, doch die meisten profitierten kaum von den Wohlstandsgewinnen.

All dies sorgte dafür, dass die Landwirtschaft zwar reichlich Gewinne erzielte, aber nicht alle daran teilhatten.

Ausblick auf weitere Entwicklungen

Der Ausbau der Landwirtschaft und des Handels legte den Grundstein für das, was später zu einer noch größeren wirtschaftlichen Blüte führen sollte. In den folgenden Jahrzehnten (in unserem Buch noch zu behandelnde Themen) kamen politische Diskussionen über die Abspaltung einzelner Kolonien von New South Wales und die Gründung eigener Verwaltungseinheiten. Auch das Thema Föderation rückte näher, als man erkannte, dass eine gemeinsame Regelung von Handel und Infrastruktur vorteilhaft sein könnte.

Handel mit Asien und dem Pazifik

Neben dem Handel mit Großbritannien entstanden Beziehungen zu Asien, besonders über Häfen im Norden. Walfänger, Handels- und Fischereischiffe liefen Zwischenstationen an, um Wasser und Nahrung zu fassen. Die Kolonien verkauften manchmal Lebensmittel oder Hölzer an Schiffe, die in Richtung China oder Südostasien fuhren.

Zudem machte die geografische Lage Australiens, zwischen Asien und dem Pazifik, manche Orte zu günstigen Versorgungspunkten. Zwar war dies zunächst nur ein kleiner Teil des Handels, aber es zeigte, dass Australien nicht allein von Großbritannien abhängig war.

Veränderungen in den Städten

Der wachsende Handel und die landwirtschaftlichen Erfolge führten dazu, dass Städte wie Sydney, Melbourne oder Adelaide immer größer wurden. Neue Arbeitsplätze in Handelshäusern, Banken, Häfen und Handwerksbetrieben lockten weitere Menschen in die Städte.

Stadtplanung: Man begann, Straßennetze zu erweitern und erste Gebäude aus Stein und Ziegeln zu bauen, statt nur aus Holz.

Märkte und Geschäfte: Zunehmend gab es Läden, in denen Lebensmittel, Kleidung und Werkzeuge angeboten wurden. Bäckereien, Metzgereien und Schmieden sorgten für den alltäglichen Bedarf.

Soziale Einrichtungen: Schulen, Kirchen und Hospitäler entstanden, finanziert teils durch den Staat, teils durch religiöse Gemeinschaften.

So entwickelte sich eine städtische Mittelschicht: Kaufleute, Beamte, Handwerker, Lehrer und andere Berufe, die von der Landwirtschaft zwar indirekt lebten, aber nicht mehr selbst auf dem Feld standen.

Beginnende Exporte von Obst und Wein

Gegen Ende des 19. Jahrhunderts wurde es möglich, Obst und auch Wein in begrenztem Umfang zu exportieren. Dank besserer Schiffstechnik und Kühlverfahren ließ sich leicht verderbliche Ware etwas länger frisch halten.

Weinbau: Besonders in South Australia (Barossa Valley) und in Teilen Victorias und New South Wales wuchsen Weinreben gut. Einwanderer aus Deutschland, Italien und Frankreich brachten ihre Weinbautraditionen mit.

Obst: Äpfel, Birnen und Zitrusfrüchte fanden Märkte, allerdings waren die Transportwege nach Europa lang. Dennoch gelang es, erste Versuche zu starten, um Obst über weite Strecken zu verschicken.

Solche Entwicklungen waren zwar noch klein im Vergleich zur Wollindustrie, zeigten aber den Drang, das Produktportfolio zu erweitern und neue Einkommensquellen zu erschließen.

KAPITEL 9: GOLDRAUSCH UND GESELLSCHAFTLICHER WANDEL

Einleitung

In der Mitte des 19. Jahrhunderts kam es in Australien zu einem großen Ereignis, das die Kolonien stark verändern sollte: der Goldrausch. Gold wurde in verschiedenen Regionen entdeckt, vor allem in New South Wales und im Gebiet des heutigen Victoria. Diese Funde hatten große Auswirkungen auf die Wirtschaft, die Bevölkerungsstruktur und das Zusammenleben in den Kolonien.

Die Nachricht vom Gold lockte Menschen aus aller Welt an. Plötzlich wollten nicht nur Strafgefangene oder Bauern in Australien leben, sondern auch Glückssuchende, Abenteurer, Geschäftsleute und Handwerker, die auf einen schnellen Reichtum hofften. Die Zuwanderung stieg sprunghaft an, und in den Goldfeldern herrschte ein buntes, manchmal chaotisches Leben.

Dieser Goldrausch veränderte die Gesellschaft tiefgreifend. Er führte zu neuen Chancen, aber auch zu Spannungen zwischen verschiedenen Gruppen. In diesem Kapitel schauen wir uns an, wie der Goldrausch begann, wie er ablief und welche Folgen er für die Kolonien hatte. Außerdem betrachten wir die Rolle unterschiedlicher Bevölkerungsgruppen, etwa der zahlreichen Einwanderer aus China, sowie den Einfluss der Goldfunde auf Politik, Städtewachstum und das Verhältnis zwischen Kolonisten und den Aborigines.

Erste Goldfunde und die Reaktionen in den Kolonien

Schon vor den großen Goldfunden in den 1850er Jahren hatte es Gerüchte über Gold in Australien gegeben. Ein paar kleinere Entdeckungen hatten jedoch keine großen Menschenmassen angelockt. Erst als 1851 das Gold in der Nähe von Bathurst (New South Wales) und kurz darauf in Ballarat und Bendigo (Victoria) entdeckt wurde, verbreitete sich die Nachricht wie ein Lauffeuer.

Die Regierungen in den Kolonien reagierten ganz unterschiedlich. Zunächst hatte man sogar Angst davor, dass die Arbeiter auf den Farmen und in den Städten ihre Jobs aufgeben würden, um nach Gold zu suchen. Das hätte die Wirtschaft beeinträchtigt. Gleichzeitig erkannte man aber auch, dass die Goldfunde neue Möglichkeiten boten: Mehr Einwanderer würden kommen, die Kolonien würden bekannter und reicher werden, und man könnte zusätzliche Einnahmen durch Lizengebühren erzielen.

So beschlossen zum Beispiel die Behörden in Victoria, dass jeder Goldsucher eine Lizenz kaufen musste, um graben zu dürfen. Diese Lizenz war nicht billig, und sie musste regelmäßig erneuert werden.

Damit wollte die Regierung Kontrolle über die Goldfelder behalten und Geld einnehmen.

Der Ansturm auf die Goldfelder

Die Nachricht über den Goldfund erreichte rasch andere Länder. In Großbritannien erschienen Zeitungsberichte, die den Reichtum in Australien anpriesen. Menschen aus vielen Teilen Europas und sogar aus Nordamerika erblickten in Australien eine Chance, ihrer Armut zu entfliehen. Besonders groß war aber auch der Strom der Einwanderer aus China.

Auf den Schiffen drängten sich nun Glückssuchende, die eine mühselige Reise von mehreren Monaten auf sich nahmen. In Melbourne oder Sydney angekommen, mussten sie oft noch weiterreisen – manchmal Hunderte von Kilometern – um die Goldfelder zu erreichen. Für diese Reisen benutzte man Postkutschen, Ochsenkarren oder ging zu Fuß. Unterwegs schliefen viele in einfachen Zelten oder am Straßenrand.

Die Goldfelder selbst waren in jenen frühen Zeiten äußerst provisorische Orte:

Es entstanden Zeltstädte, in denen sich Händler, Gastwirte, Schmiede und natürlich die Goldsucher tummelten.

Lebensmittel waren oft teuer, weil sie über große Entfernungen herangeschafft werden mussten.

Die hygienischen Bedingungen waren schlecht, und Krankheiten wie Typhus oder Cholera konnten sich schnell ausbreiten.

Gleichzeitig herrschte eine aufgeregte Stimmung, denn jeder hoffte, den großen Fund zu machen.

Methoden des Goldabbaus und das harte Leben der Goldsucher

In den ersten Wochen und Monaten nach einem neuen Fund war das Gold oft relativ leicht zugänglich. Man fand es in Flussbetten und im Kies der Bäche, wo es sich über Jahrhunderte angesammelt hatte. Die Goldsucher verwendeten einfache Werkzeuge wie Pfannen (gold pans) und Schaufeln, um den Kies aus dem Fluss zu holen, im Wasser auszuwaschen und dabei die schweren Goldpartikel zu sammeln.

War das oberflächliche Gold abgeerntet, begannen viele damit, tiefer zu graben. Man errichtete Schachtanlagen, baute einfache Tunnels und förderte das Gestein nach oben, um das Gold darin zu suchen. Das alles war gefährlich und sehr anstrengend. Die Gruben waren kaum gesichert, und es kam zu Einstürzen. Manche Goldfelder waren von Schlamm durchtränkt, in dem man sich leicht verletzen konnte.

Zudem war das Klima nicht immer freundlich. In Victoria, wo große Goldfelder lagen, konnte es im Winter regnerisch und kalt sein. Im Sommer dagegen wurde es heiß und trocken, und das Wasser zum Goldwaschen wurde knapp. Viele Menschen litten unter Krankheiten oder verdienten nicht genug, um sich ordentlich zu ernähren.

Dennoch blieb der Traum vom schnellen Reichtum stark. Gerüchte über spektakuläre Nuggets, also große Stücke von Gold, sorgten dafür, dass immer neue Menschen anreisten. Nur wenige wurden wirklich reich, doch der Wunsch, ein Vermögen zu machen, hielt Tausende auf den Feldern.

Soziale und kulturelle Vielfalt auf den Goldfeldern

Die Goldfelder waren sehr multikulturelle Orte. Menschen aus England, Irland, Schottland, Wales, Deutschland, Italien, Frankreich, den USA und vielen anderen Ländern trafen hier aufeinander. Besonders auffällig war die Zahl der chinesischen Einwanderer, die teilweise in organisierten Gruppen anreisten.

Chinesische Goldsucher: Viele Chinesen kamen aus den Provinzen, in denen Armut oder Hungersnöte herrschten. Sie bildeten Gemeinschaften und lebten oft in eigenen Zeltbereichen oder „Chinatowns" nahe der Goldfelder. Ihre Arbeitsmethoden unterschieden sich mitunter von denen der Europäer. Sie waren oft fleißig und geduldig, was bei einigen europäischen Goldsuchern Neid und Misstrauen auslöste.

Sprachliche Vielfalt: Manchmal trafen sich Menschen auf den Feldern, die keine gemeinsame Sprache hatten. Man verständigte sich mit Händen, Gesten oder lernte ein paar Wörter der jeweils anderen Sprache.

Gottesdienste und Freizeit: Manche Missionare kamen auf die Goldfelder, um Gottesdienste zu halten. Auch Kneipen, Spielhöllen und Tanzzelte entstanden, in denen die Menschen ihren Feierabend verbrachten. So gab es ein recht lebhaftes, aber auch chaotisches Leben im „Goldgräbercamp".

Die kulturelle Vielfalt sorgte zwar für Austausch, führte jedoch auch zu Spannungen. Nicht selten gab es Auseinandersetzungen über Lizenzen, Arbeitsplätze oder kulturelle Unterschiede.

Konflikte um Lizenzen und Steuern

Einer der größten Streitpunkte war das Lizenzsystem. Wer Gold suchen wollte, musste regelmäßig Gebühren an die Kolonialregierung zahlen. Dabei spielte es keine Rolle, ob man erfolgreich war oder nicht. Selbst wenn man kein Gold fand, musste man die Lizenz erneuern. Das empörte viele Goldsucher, die ohnehin oft kaum Geld hatten.

Die Behörden schickten sogenannte „Lizenz-Inspektoren" über die Felder, die Goldsucher kontrollierten. Wer keine gültige Lizenz vorzeigen konnte, wurde bestraft oder ins Gefängnis gesteckt. Die Inspektoren galten als hart und teilweise korrupt.

Besonders bekannt wurde die Revolte in der Nähe von Ballarat, wo sich 1854 der Eureka-Stockade-Aufstand ereignete. Unzufriedene Goldsucher errichteten eine Barrikade (Stockade) und wehrten sich gegen die Lizenzkontrolle. Die kolonialen Truppen griffen das Lager an, und es kam zu mehreren Toten auf beiden Seiten.

Obwohl der Aufstand niedergeschlagen wurde, hatte er langfristige Folgen: Die Regierung in Victoria lockerte das Lizenzsystem, führte ein gerechteres Steuermodell ein und gab den Goldsuchern mehr Rechte. Manchmal wird der Eureka-Stockade-Aufstand auch als eine frühe Form demokratischer Bewegung in Australien bezeichnet, weil die Goldsucher mehr Mitbestimmung forderten.

Chinesische Einwanderer und Diskriminierung

Vor allem in Victoria kamen viele chinesische Goldsucher an. Sie waren für ihre Ausdauer bekannt und suchten oft nach Gold in bereits verlassenen Feldern, wo sie noch kleinste Reste fanden, die andere übersehen hatten. Dadurch verdienten manche Chinesen trotz schwieriger Bedingungen Geld, was zu Neid und Vorurteilen führte.

Rassistische Übergriffe: Es kam zu Zusammenstößen, in denen europäische Goldsucher die Lager der Chinesen angriffen und Zelte niederbrannten. Ein Beispiel ist das „Buckland River Riot" von 1857, bei dem eine Gruppe Europäer chinesische Siedlungen zerstörte.

Regulatorische Maßnahmen: Manche Kolonien führten spezielle Steuern für chinesische Einwanderer ein oder erließen Gesetze, um ihre Anzahl zu beschränken. Zum Beispiel musste jeder Chinese, der an Land ging, eine hohe Kopfsteuer bezahlen.

Dennoch blieben viele Chinesen auf den Goldfeldern, fanden manchmal kleine Vermögen oder gründeten Geschäfte. Manche kehrten später in ihre Heimatdörfer zurück, andere blieben in Australien und wurden Teil der aufkommenden Gesellschaft, zum Beispiel als Gemüsebauer, Händler oder Gastwirte.

Auswirkungen auf die Städte

Der Goldrausch brachte einen enormen Bevölkerungszuwachs in den Kolonien. Städte wie Melbourne, Sydney oder Adelaide wuchsen sprunghaft. Besonders Melbourne profitierte, da Victoria die größten Goldfelder hatte.

Melbourne: Die Stadt wurde zu einer der reichsten Metropolen des britischen Weltreichs. Neue Gebäude aus Stein, Banken, Hotels und Theater entstanden. Das Straßenbild füllte sich mit Kutschen, Fuhrwerken, und bald auch den ersten Pferdebahnen.

Sydney: Obwohl das wichtigste Goldgebiet im Süden lag, profitierte Sydney vom Handel und vom Zustrom der Menschen. Auch hier wurden neue Geschäftsviertel angelegt.

Hafenanlagen: Um die zahlreichen Einwanderer und das verschiffte Gold zu bewältigen, musste man die Hafenanlagen ausbauen. Schiffe legten in langen Reihen an, um Passagiere zu bringen und mit Gold oder anderen Gütern abzulegen.

Die neu angekommene Bevölkerung brauchte Lebensmittel, Wohnungen und Dienstleistungen. So blühte die Landwirtschaft (siehe Kapitel 8) noch weiter auf, weil die Nachfrage nach Fleisch, Weizen und Gemüse stieg. Händler, Handwerker und

Bauunternehmer machten gute Geschäfte, indem sie die Goldfelder und Städte mit Waren versorgten.

Gold und Politik: Der Weg zu neuen Kolonien

Durch das Gold stieg das Selbstbewusstsein der Kolonien. Victoria, das bisher ein Teil von New South Wales gewesen war, löste sich 1851 offiziell von der Mutterkolonie und gründete eine eigene Kolonialregierung. Bald entwickelte sich Victoria dank seines Goldes zur wirtschaftlich stärksten Kolonie, zumindest für eine Weile.

Der Reichtum durch das Gold beschleunigte auch den Ruf nach mehr politischer Mitbestimmung. Viele Menschen, die neu in Australien waren, brachten Ideen aus Europa mit, etwa zu Parlamentarismus und Demokratie. In der Folge bekamen die Kolonien nach und nach eigene Parlamente, in denen zumindest Teile der männlichen Bevölkerung Vertreter wählen konnten.

Dieses Engagement der Goldsucher in der Politik zeigt sich besonders beim Eureka-Stockade-Aufstand: Dort kämpften sie nicht nur gegen Lizenzgebühren, sondern auch gegen das Gefühl, von einer kleinen Elite regiert zu werden. Der Aufstand wurde zwar niedergeschlagen, hatte aber den Effekt, dass sich die Parlamente öffneten und mehr Siedler ein Wahlrecht erhielten.

Das Ende der großen Goldrausch-Phase

Der Höhepunkt des Goldrauschs hielt etwa ein Jahrzehnt an. Gegen Ende der 1850er und in den 1860er Jahren wurden die leicht zugänglichen Goldadern immer seltener. Wer erfolgreich war, musste nun tiefer graben oder teure Maschinen einsetzen. Das konnten nur Bergbaugesellschaften leisten, die Kapital aufbringen konnten.

Viele einzelne Goldsucher merkten, dass ihr Traum vom schnellen Reichtum ausgeträumt war. Manche zogen weiter zu anderen Goldfeldern, etwa in Queensland, Western Australia oder sogar nach Neuseeland. Andere kehrten in ihre Heimatländer zurück oder suchten in den wachsenden Städten nach Arbeit.

Dennoch blieb Gold ein wichtiger Wirtschaftsfaktor. Größere Unternehmen führten den Bergbau mit Dampfmaschinen und professionellen Methoden fort. In manchen Gegenden entstanden so Bergwerksstädte mit Schächten, Eisenbahnen und Hochöfen. Aber die wilde Zeit des „jeder grabt selbst" war vorbei.

Gesellschaftlicher Wandel und neue Chancen

Obwohl nur wenige Menschen wirklich reich aus dem Goldrausch hervorgingen, hatte diese Phase tiefgreifende Auswirkungen auf die Gesellschaft:

Bevölkerungswachstum: Die Kolonien hatten plötzlich viele neue Einwohner. Dadurch änderten sich Kultur und soziale Strukturen. Regionen wie Victoria und New South Wales wurden viel bevölkerter und dynamischer.

Demokratisierung: Die Unruhen auf den Goldfeldern führten zu Reformen im Lizenzsystem, zu einer stärkeren Beteiligung der Siedler in den Parlamenten und zu einer gewissen Abkehr von der reinen Macht der alten Eliten.

Wirtschaftliche Diversifizierung: Neben dem Gold entwickelten sich weitere Industrien. Der Bedarf an Transport, Nahrung und Wohnungsausbau stieg. Handwerk, Gewerbe und Handel blühten auf.

Infrastruktur: Neue Straßen, Brücken und spätere Eisenbahnverbindungen entstanden, um die Goldfelder zu versorgen. Häfen wurden erweitert, Telegrafenleitungen verlegt. Das erleichterte den künftigen Warenaustausch.

Kulturelle Vielfalt: Durch Einwanderer aus China, Europa und Amerika wurde Australien vielfältiger. Dies führte aber auch zu Fremdenfeindlichkeit und Vorurteilen, was sich in Anti-Chinesischen-Gesetzen und anderen Diskriminierungsformen zeigte.

Auswirkungen auf Aborigines

Wie bereits in den vorherigen Kapiteln erwähnt, waren die Aborigines schon vor dem Goldrausch stark unter Druck geraten. Die neuen Ströme von Einwanderern verschärften dies. Mehr Menschen beanspruchten mehr Land, Flüsse und Wälder. Die Jagdgründe und Wasserstellen wurden weiter reduziert.

Auf manchen Goldfeldern versuchten Aborigines, ebenfalls Gold zu finden oder Handel zu treiben. In einigen Fällen arbeiteten sie als Führer oder halfen beim Transport. Andere sahen in den wachsenden Städten neue Chancen, doch oft blieben sie ausgegrenzt.

Dazu kam, dass die Regierung im Rausch der neuen Ressourcen wenig Interesse daran zeigte, Aborigines Rechte einzuräumen oder Land zurückzugeben. Ihre Belange traten noch weiter in den Hintergrund, während die Kolonien vor allem damit beschäftigt waren, den Zustrom der Goldsucher zu organisieren.

Bushrangers und Kriminalität

Mit den Goldfeldern stieg auch die Kriminalität. Wo viel Gold im Umlauf war, fanden sich Banditen, die den Glückssuchern auflauerten. Diese Räuber, oft als „Bushrangers" bezeichnet, lebten im Busch, überfielen Kutschen oder Züge und raubten die Ladung.

Einige Bushrangers wurden zu richtigen Volkshelden stilisiert, weil sie gegen die Obrigkeit rebellierten oder angeblich nur die Reichen bestahlen. Doch in Wahrheit war das Leben eines Bushrangers gefährlich und unberechenbar. Die Polizei jagte sie unerbittlich, und viele starben früh durch Schusswechsel oder am Galgen.

Die Geschichten über Bushrangers zeigen, wie unsicher manche Gegenden waren. Zahlreiche Goldsucher reisten in Gruppen oder bewaffnet, um sich gegen Überfälle zu schützen. Gleichzeitig wurde die Polizei in den Kolonien ausgebaut, um der Lage Herr zu werden.

Persönliche Schicksale: Vom Tellerwäscher zum Millionär?

Der Goldrausch weckte in vielen Menschen die Hoffnung, durch harte Arbeit oder einen Glücksfund ein neues Leben zu beginnen. Tatsächlich schafften es ein paar wenige, enorme Nuggets zu entdecken und quasi über Nacht reich zu werden. Ihre Geschichten fanden weite Verbreitung in Zeitungen und Erzählungen.

Die Mehrheit jedoch blieb ohne großen Fund. Manche arbeiteten jahrelang in Schlammlöchern, ohne mehr als ein paar Gramm Gold herauszuwaschen. Sie mussten sehen, wie andere sich den Reichtum schnappten, während sie selbst kaum genug zum Leben hatten.

Trotzdem gelang es manchen, auch ohne den Riesenfund ein neues Zuhause aufzubauen. Wer in den Städten einen kleinen Laden eröffnete oder in Handwerksberufen arbeitete, konnte sich durch Fleiß eine Existenz sichern. Einige Goldfelder entwickelten sich zu dauerhaften Gemeinden, die später zu wohlhabenden Städten wurden.

Politische Auswirkungen: Der Ruf nach Reformen

Der Eureka-Stockade-Aufstand in Ballarat wurde zu einem Symbol für Aufbegehren und den Wunsch nach mehr politischer Mitsprache. Viele Goldsucher wollten mitbestimmen, wie die Steuern und Lizenzen festgesetzt wurden. Nach und nach ließen sich die Kolonialregierungen in den 1850er und 1860er Jahren auf Zugeständnisse ein:

Sie senkten die Lizenzgebühren oder wandelten sie in bezahlbare Miner's Rights um.

Es wurden mehr Sitze in den Parlamenten geschaffen, und das Wahlrecht wurde erweitert (wenn auch vorerst nur für Männer und an bestimmte Voraussetzungen geknüpft).

Die Idee, dass Menschen unabhängig vom sozialen Stand ein Mitspracherecht haben sollten, gewann an Kraft.

Diese Entwicklungen gelten als Schritte auf dem Weg zu einer stärker demokratischen Struktur in den australischen Kolonien.

Ende der Goldrausch-Ära und langfristige Folgen

Um 1860 herum begann der Goldrausch in seiner intensivsten Form nachzulassen. Neue Funde in Gebieten wie Queensland oder

Western Australia lockten kleinere Gruppen von Glückssuchern an, doch der große Massenansturm war vorbei.

Gleichzeitig war Australien in diesen zehn bis fünfzehn Jahren enorm gewachsen:

- Die Bevölkerungszahl hatte sich vervielfacht.

- Melbourne und Sydney waren zu lebendigen Handelszentren geworden.

- Das Straßennetz und die Telegrafenverbindungen hatten sich verbessert.

- Der Wunsch nach mehr Selbstverwaltung in den Kolonien hatte zugenommen.

Diese Veränderungen blieben bestehen, auch als der Goldrausch selbst nachließ. Man kann also sagen, dass das Gold eine Art Katalysator für den Wandel war. Ohne die Goldfunde wäre es vermutlich viel langsamer zu einem so starken Wachstum und zu so vielen Reformen gekommen.

KAPITEL 10: WACHSTUM DER KOLONIEN UND ERSTE SCHRITTE ZUR SELBSTVERWALTUNG

Einleitung

Im vorigen Kapitel haben wir den Goldrausch als eine wesentliche Kraft gesehen, die das Leben in den australischen Kolonien rasch veränderte. Doch auch abseits des Goldes war im 19. Jahrhundert eine dynamische Entwicklung im Gange. Die Kolonien wuchsen nicht nur durch Zuwanderung und wirtschaftlichen Aufschwung, sondern auch durch neue Verwaltungsstrukturen.

In diesem Kapitel schauen wir uns an, wie die einzelnen Kolonien entstanden oder sich von anderen Kolonien abspalteten. Wir werden sehen, wie sich die Ideen von politischer Mitbestimmung und bürgerlichen Freiheiten allmählich verbreiteten. Gleichzeitig beleuchten wir die Spannungen, die dabei zwischen verschiedenen Gruppen auftraten: Großgrundbesitzer gegen Kleinbauern, etablierte Eliten gegen Neuankömmlinge, Siedler gegen Aborigines.

Außerdem werfen wir einen Blick auf den Alltag in den wachsenden Städten. Wie organisierte man Gesundheit, Bildung und Sicherheit? Welche Rolle spielten Kirchen, Vereine und Zeitungen in diesem Prozess? All das soll zeigen, wie sich aus einer Reihe von Strafkolonien und kleinen Siedlungen allmählich eigenständige, selbstbewusste Gemeinwesen entwickelten, die ihren Platz im britischen Empire behaupteten.

Entstehung neuer Kolonien

Ursprünglich war New South Wales die erste und größte Kolonie, die sich von der kleinen Strafsiedlung in Sydney ausbreitete. Doch im Laufe der Zeit entstanden weitere Kolonien:

Van Diemen's Land (Tasmanien): Getrennt von New South Wales 1825. Dort entstand ein eigenes Strafkoloniesystem, zum Beispiel in Port Arthur.

Western Australia: Die Gründung erfolgte offiziell 1829 (Swan River Colony), obwohl es in den Anfangsjahren nur wenige Siedler gab.

South Australia: Gegründet 1836 als geplante Kolonie mit einem besonderen Modell freier Siedlung (keine Strafgefangenen).

Victoria: Trennung von New South Wales 1851, beschleunigt durch den Goldrausch in Ballarat und Bendigo.

Queensland: Abspaltung von New South Wales 1859, nachdem auch dort Siedlungen und Wirtschaftswachstum Fahrt aufnahmen.

Jede Kolonie hatte eigene Gouverneure, später Parlamente und unterschiedliche Regelungen, wie etwa Landvergabe, Einwanderung oder Strafverfolgung. Trotz dieser Unterschiede gab es einen regen Austausch und eine gewisse Rivalität: Jeder wollte die beste Infrastruktur und die meisten Einwanderer anziehen.

Die Rolle der Gouverneure und frühen Parlamente

Zu Beginn hatten die Gouverneure, die von London ernannt wurden, fast unumschränkte Macht. Sie waren sowohl oberster Verwaltungschef als auch oberster Richter und prägten die Politik stark. Doch im Laufe der Jahre entstanden Rufe nach „verantwortlicher Regierung". Das bedeutete, dass ein Teil der

Volksvertreter gewählt werden und mitbestimmen sollte, wie Steuern erhoben und Gelder ausgegeben wurden.

Erste Parlamente: Schrittweise erlaubte Großbritannien den Kolonien, eigene Parlamente zu bilden. Diese Parlamente waren aber oft nur für vermögende Männer zugänglich. Ein Wahlrecht hatten zunächst nur solche Personen, die Grundbesitz oder ein bestimmtes Einkommen nachweisen konnten.

Ausbau des Wahlrechts: Mit dem starken Zuzug von Einwanderern (u. a. durch den Goldrausch) entstand Druck, das Wahlrecht auszuweiten. In Victoria kam es nach dem Eureka-Stockade-Aufstand zu Reformen, die mehr Menschen an der politischen Teilhabe beteiligten.

Trotzdem konnten viele noch nicht wählen, darunter Frauen, die ärmeren Schichten und natürlich die Aborigines, die weitgehend von diesem System ausgeschlossen blieben.

Wirtschaftliche und soziale Spaltungen

Die wachsenden Kolonien waren nicht frei von Spannungen. Auf der einen Seite standen große Landbesitzer, die oft enorme Schaffarmen (Stations) hatten und viel Einfluss in der Gesellschaft ausübten. Auf der anderen Seite gab es Kleinbauern, Handwerker und städtische Arbeiter, die sich nach mehr Mitbestimmung sehnten.

Squatters vs. Selektoren: In einigen Kolonien nannte man die Großgrundbesitzer „Squatters" (siehe Kapitel 8). Später führte die Regierung Programme ein, um sogenannte „Selektoren" anzulocken: Das waren Kleinbauern, die sich auf kleineren Parzellen niederließen. Zwischen beiden Gruppen kam es zu Konflikten um Land, Zäune und Wasserrechte.

Löhne und Arbeitsbedingungen: In den wachsenden Städten forderten Handwerker und Arbeiter höhere Löhne und kürzere Arbeitszeiten. Hier entstanden erste Gewerkschaftsähnliche Bewegungen, die für ihre Rechte eintraten.

Diese sozialen Fragen begleiteten die Kolonien durch das ganze 19. Jahrhundert und blieben immer wieder ein Spannungsfeld zwischen konservativen Eliten und fortschrittlichen Kräften.

Wachstum der Städte

Mit der steigenden Bevölkerung wuchsen die Städte teils in rasantem Tempo. So entstand die Notwendigkeit, die Grundlagen einer städtischen Infrastruktur zu schaffen:

Wasserversorgung: Man baute Dämme, Aquädukte oder Wasserleitungen, um sauberes Trinkwasser in die Städte zu bringen. Das war ein großer Fortschritt, um Krankheiten zu reduzieren.

Abwasser und Müllentsorgung: In den ersten Jahrzehnten gab es keine geordnete Kanalisation. Die Hinterhöfe und Gassen waren oft schmutzig und zogen Ratten an. Langsam erkannten die Stadtverwaltungen, dass eine geregelte Entsorgung wichtig war.

Straßen und Beleuchtung: Pflasterung von Hauptstraßen, Aufstellung von Gaslaternen in den Innenstädten, damit sich die Menschen auch abends sicher bewegen konnten.

Gesundheitswesen: Erste Hospitäler wurden gegründet, häufig aus Spenden oder kirchlichen Initiativen. Impfungen gegen Pocken oder andere Krankheiten setzten sich allmählich durch.

Feuerwehren und Polizei: Um Brände zu bekämpfen, entstanden freiwillige oder städtische Feuerwehren. Auch die Polizei wurde verstärkt, um Diebstähle, Raufereien und andere Vergehen in den Griff zu bekommen.

Diese Entwicklungen waren besonders stark in Melbourne, Sydney, Adelaide und später in Brisbane und Perth sichtbar.

Schulen und Universitäten

Mit der wachsenden Bevölkerung stieg der Wunsch nach Bildung. Zu Beginn gab es nur wenige Kirchenschulen oder private Schulen für Kinder wohlhabender Familien. Doch immer mehr Leute forderten eine allgemein zugängliche Grundschule.

Elementarschulen: Manche Kolonien führten im Lauf der 1850er bis 1870er Jahre Gesetze ein, die eine grundlegende Schulbildung förderten. Oft gab es Streit, ob diese Schulen religiös oder staatlich sein sollten.

Höhere Bildung: Die erste Universität in Australien war die University of Sydney, gegründet 1850. Bald folgten Melbourne (1853) und Adelaide (1874). An diesen Universitäten konnte man zunächst vor allem klassische Fächer studieren, später kamen Naturwissenschaften und Recht hinzu.

All diese Schritte waren eng mit dem Wunsch der Kolonien verbunden, nicht nur wirtschaftlich erfolgreich zu sein, sondern auch kulturell und wissenschaftlich mit Europa mithalten zu können.

Rolle der Kirchen und Missionsarbeit

Die christlichen Kirchen spielten eine große Rolle im Leben der Kolonien. Es gab Anglikaner (Church of England), Katholiken, Presbyterianer, Methodisten und weitere Konfessionen. Sie gründeten Schulen, Hospitäler und setzten sich bei sozialen Themen ein.

Gleichzeitig betrieben einige Kirchen Missionsstationen für Aborigines. Dort wollten sie sie „zivilisieren" und zum Christentum bekehren. Die Absichten waren teils von Fürsorge geleitet, teils aber auch von der Überzeugung, die eigene Religion und Kultur seien überlegen. In den Missionsstationen wurde die traditionelle Kultur der Aborigines oft unterdrückt.

Trotzdem konnten Missionsstationen manchmal Orte sein, an denen Aborigines vor Gewalt durch Siedler sicherer waren. Die Kirchen hatten mitunter politischen Einfluss und sorgten gelegentlich dafür, dass gewisse Schutzmaßnahmen ergriffen wurden – wenn auch unzureichend.

Presse und öffentliche Meinung

Die Entwicklung von Zeitungen und Zeitschriften trug viel zur politischen und gesellschaftlichen Debatte bei. In Sydney, Melbourne, Adelaide und anderen Städten entstanden Zeitungsredaktionen, die über lokale und internationale Ereignisse berichteten.

Verbreitung von Nachrichten: Mit dem Telegrafen, der ab den 1850er Jahren allmählich verlegt wurde, kamen Meldungen schneller aus anderen Teilen der Welt. Die Zeitungen konnten aktueller berichten, was die Menschen in den Kolonien enger an das Geschehen in Europa und Amerika band.

Politische Diskussionen: Leserbriefe und Meinungsartikel ermöglichten es, dass Bürger ihre Positionen zu Steuern, Landfragen oder dem Umgang mit Aborigines äußerten. Zeitungen waren wichtige Foren für Auseinandersetzungen.

Arbeitsplatz für Schriftsteller: Einige Schriftsteller und Dichter schrieben Artikel oder Fortsetzungsromane für Zeitungen. So entstand langsam eine eigenständige australische Literatur, auch wenn sie sich noch stark an britischen Vorbildern orientierte.

Durch die Presse wuchs das Bewusstsein für politische Themen. Bürger forderten mehr Rechte und informierten sich darüber, was in den Nachbarkolonien geschah.

Schicksal der Aborigines in den wachsenden Kolonien

Während sich die europäischen Siedlungen immer weiter entwickelten, gerieten die Aborigines zunehmend an den Rand. In einigen Gegenden kam es zu Reservaten oder Schutzgebieten, in die sie zwangsumgesiedelt wurden. Andere versuchten, in den Städten zu leben, wo sie oft diskriminiert wurden.

Gesetze und Verordnungen regelten nun immer stärker das Leben der Aborigines, ohne sie mitbestimmen zu lassen. Man sprach ihnen ihre Rechte ab und behandelte sie als „Mündel", die einen staatlichen Protektor brauchten. Dadurch verloren viele Gemeinschaften ihre Eigenständigkeit.

Trotzdem gab es kleine Ansätze, um den Dialog zu suchen. Einzelne Gouverneure oder Missionsleute versuchten, das Leid zu lindern, doch das große Unrecht der Landnahme wurde nicht rückgängig gemacht.

Erste politische Reformen in den Kolonien

In der Mitte des 19. Jahrhunderts hatten die Kolonien mehr und mehr das Bedürfnis, sich selbst zu verwalten. Großbritannien behielt zwar das letzte Wort in wichtigen Fragen, doch die lokalen Parlamente bekamen schrittweise größere Befugnisse.

Verfassungen: Einige Kolonien erhielten in den 1850er Jahren eigene Verfassungen, die das Parlament und die Regierung regelten.

Wahlrecht: Es gab stufenweise Erweiterungen. So führte Victoria 1856 das allgemeine Männerwahlrecht ein, allerdings mit Ausschluss der Aborigines. Andere Kolonien folgten.

Gewaltenteilung: Immer mehr versuchte man, Verwaltung, Justiz und Legislative zu trennen, damit nicht eine einzelne Person zu viel Macht hatte.

Diese Entwicklungen schufen eine Art Kompromiss: Die Kolonien waren zwar weiterhin Teil des britischen Empire, konnten aber viele Alltagsfragen und Wirtschaftsbelange selbst regeln.

Wirtschaftlicher Fortschritt jenseits des Goldes

Nach dem Goldrausch investierten die Kolonien in andere Bereiche. Die Landwirtschaft (Kapitel 8) blieb ein wichtiger Pfeiler. Dazu kamen Ansätze zur Industrialisierung in den Städten. Man begann, Kohle zu fördern (zum Beispiel in New South Wales), Eisen zu verarbeiten und erste Fabriken zu errichten.

Der Ausbau der Eisenbahn ging voran, wenn auch in jedem Bundesstaat in einer anderen Spurweite, was später Probleme machte. Wichtig war der Gedanke, Produktion und Transport zu steigern, um Güter exportieren zu können und so das Einkommen der Kolonien zu erhöhen.

Auch der Schiffsverkehr wurde moderner. Dampfschiffe lösten langsam die Segelschiffe ab, wodurch die Reisezeiten nach England kürzer wurden.

Rolle der Frauen

Die meisten politischen Rechte waren anfangs Männern vorbehalten. Frauen spielten jedoch im Alltag eine große Rolle: Sie führten Haushalte, kümmerten sich um Kinder, arbeiteten auf Farmen und beteiligten sich an Wohltätigkeitsvereinen.

Erste Frauenrechtlerinnen begannen gegen Ende des 19. Jahrhunderts aufzutreten, doch in der Zeit, über die wir hier sprechen, standen Frauen noch vor vielen Hürden. Sie konnten meist nicht wählen, hatten kaum Zugang zu höheren Berufen und besaßen nur eingeschränkt Rechte über ihr eigenes Vermögen, wenn sie verheiratet waren.

Trotzdem gab es einzelne Ausnahmen: Zum Beispiel arbeiteten Frauen als Lehrerinnen, Krankenschwestern oder in der Textilherstellung. In den Kolonien gab es zudem Frauen, die in entlegenen Gebieten ihre eigenen Farmen führten, wenn der Ehemann starb oder verschollen war.

Der Wunsch nach Vernetzung der Kolonien

Während jede Kolonie ihren eigenen Weg ging, wurde den Menschen klar, dass eine bessere Zusammenarbeit Vorteile bringen könnte. Man diskutierte Zollfragen, Post, Telegrafie und Eisenbahnen zwischen den Kolonien. Einige wollten sogar eine gemeinsame Verteidigung, falls eine fremde Macht Australien bedrohen sollte.

Zu diesem Zweck trafen sich Vertreter der Kolonien gelegentlich zu Konferenzen, um Vorschläge zur engeren Zusammenarbeit zu entwickeln. Ideen einer Föderation, also eines Zusammenschlusses zu einem Bund, tauchten auf. Doch noch waren viele zögerlich. Man fürchtete, dadurch an Eigenständigkeit zu verlieren.

Dennoch waren diese ersten Treffen ein Vorbote dessen, was später – Anfang des 20. Jahrhunderts – zur Gründung des Australischen Bundes (Commonwealth of Australia) führen sollte.

Das Leben in den aufstrebenden Kolonien

Für viele Einwanderer, die in den 1860er und 1870er Jahren ankamen, waren die Kolonien ein Land der Chancen. Wer etwas Kapital hatte, konnte Land kaufen und eine Farm gründen. Wer handwerklich geschickt war, fand Arbeit in den Städten oder im Ausbau der Infrastruktur.

Gleichzeitig war das Leben keineswegs leicht. Krankheiten, Unfälle und das raue Klima stellten eine Belastung dar. Wer keinen Beruf erlernt hatte, musste sich als Tagelöhner or Dienstbote durchschlagen, oft ohne festen Lohn.

Dennoch entstand nach und nach ein Gemeinschaftsgefühl. Feste wie der Ankunftstag der First Fleet (26. Januar) oder der jeweilige

Kolonialgründungstag wurden gefeiert. Man entdeckte in lokalen Festen und Sportarten (Cricket, Rugby, Pferderennen) eine Freude am Gemeinschaftserlebnis. Zeitungen priesen den „Pioniergeist" und schrieben von „Australiern", obwohl offiziell noch alle Untertanen des britischen Königs bzw. der Königin waren.

Wichtige Persönlichkeiten dieser Phase

In jeder Kolonie traten Menschen hervor, die das Geschehen prägten:

Politiker wie Henry Parkes in New South Wales, der sich für eine Föderation starkmachte.

Gouverneure wie Sir George Grey, die in verschiedenen Kolonien Reformen anstießen.

Unternehmer und Bankiers, die durch den Handel mit Wolle, Getreide oder Rohstoffen große Vermögen anhäuften und mit ihrem Geld Bauprojekte unterstützten.

Pioniere in Wissenschaft und Bildung, die erste Universitäten aufbauten oder medizinische Fortschritte in den Kolonien förderten.

Ihre Taten und Ideen halfen, die Kolonien zu stabilen Gesellschaften zu formen, die auf Fortschritt und Selbstverwaltung setzten.

KAPITEL 11: DIE TRENNUNG VON NEW SOUTH WALES UND DIE ENTSTEHUNG NEUER KOLONIEN

Einleitung

In den letzten Kapiteln haben wir gesehen, wie sich die australischen Siedlungen von kleinen Strafkolonien zu florierenden Gemeinschaften entwickelten. Die Landwirtschaft, der Goldrausch und das wachsende Bevölkerungsinteresse sorgten für einen großen Schub. Dabei blieb allerdings lange Zeit New South Wales die zentrale Kolonie, von der aus viele Entwicklungen ausgingen. Doch mit der Zeit entstanden neue Regionen, die ihre eigenen Interessen verfolgten und schließlich den Wunsch äußerten, sich von New South Wales zu trennen.

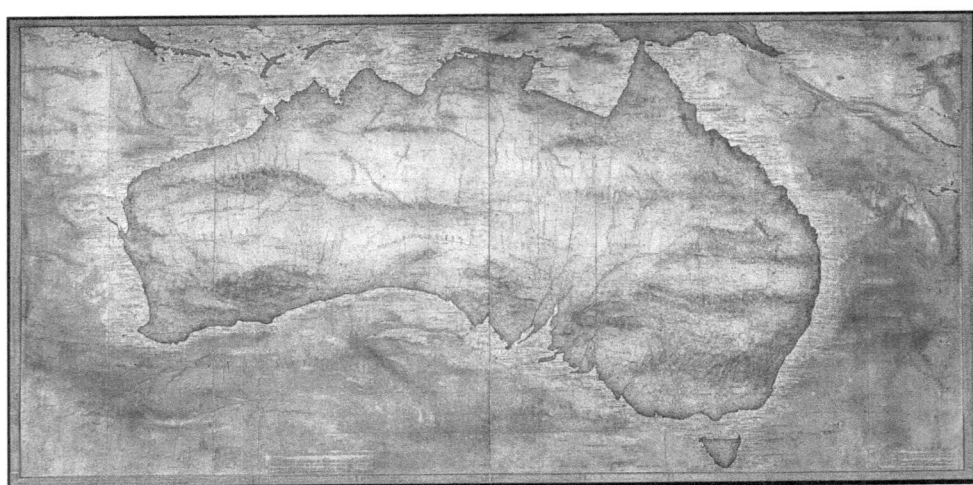

In diesem Kapitel schauen wir uns genauer an, warum es zu Abspaltungen kam und wie aus einem großen Verwaltungsgebiet nach und nach eigenständige Kolonien wie Victoria, Queensland oder Tasmanien wurden. Wir befassen uns mit den Gründen für diese Abspaltungen, dem Verlauf der Trennungen und den Herausforderungen, die damit einhergingen. Gleichzeitig betrachten wir, wie sich die Bevölkerung dabei fühlte und welche Rolle die britische Regierung in London spielte, die in vielen Fragen noch das letzte Wort hatte.

Die Anfänge: New South Wales als „Mutterkolonie"

Als die Briten 1788 mit der First Fleet in Sydney Cove landeten, wurde das gesamte östliche Gebiet Australiens zu „New South Wales" erklärt. Diese Bezeichnung war sehr weit gefasst und umfasste große Regionen, die zu jener Zeit überhaupt nicht erschlossen waren. Zu Beginn kümmerte sich die Kolonialverwaltung natürlich vor allem um das unmittelbare Umland von Sydney und die nahegelegenen Siedlungen wie Parramatta.

Doch bereits in den frühen Jahrzehnten kam es zu Siedlungen in weiter entfernten Bereichen, etwa auf Van Diemen's Land (dem heutigen Tasmanien) oder entlang der Küste im Norden und Süden. Weil alles offiziell zu New South Wales gehörte, unterstanden diese Gebiete dem Gouverneur in Sydney. Je weiter man sich jedoch entfernte, desto schwieriger wurde es, die Anweisungen aus Sydney umzusetzen.

Zudem wuchsen im Laufe der Zeit unterschiedliche Bedürfnisse in den Regionen heran. In manchen Gegenden dominierte die Sträflingsarbeit, in anderen setzte man stärker auf freie Siedler. Woanders war das Klima kühler oder feuchter, was eine andere Landwirtschaft erlaubte. So bildeten sich nach und nach eigene Identitäten, die sich nicht mehr so eng an Sydney banden.

Van Diemen's Land (Tasmanien) als erstes Beispiel

Van Diemen's Land war der erste große Teil, der sich von New South Wales löste. Ursprünglich wurde es von Sydney aus verwaltet, doch es lag getrennt durch die Bass-Straße und entwickelte sich in manchen Punkten eigenständig. Dort entstanden berüchtigte Strafsiedlungen wie Port Arthur.

Im Jahr 1825 erklärte die britische Regierung Van Diemen's Land zu einer eigenen Kolonie, was bedeutete, dass es einen eigenen Gouverneur und eine eigene Verwaltung bekam. Dies hatte mehrere Gründe:

Lage und Isolation: Die Insel war schwer von Sydney aus zu regieren.

Strafkolonien: Auf Van Diemen's Land richtete man Straflager ein, die speziell kontrolliert werden sollten.

Wirtschaftliche Interessen: Auch hier spielten Schafzucht und Landwirtschaft eine Rolle, jedoch unter anderen Bedingungen als auf dem Festland.

Später, im Jahr 1856, benannte man Van Diemen's Land offiziell in „Tasmania" (Tasmanien) um, um das Image der Strafkolonie etwas abzustreifen. Damit war der erste Schritt getan: New South Wales war nicht mehr die alleinige Verwaltungseinheit für den gesamten Osten Australiens.

Südaustralien als geplante Kolonie

Einen anderen Weg ging die Region South Australia (Südaustralien). Hier gab es eine ganz eigene Idee: Man wollte eine Kolonie gründen, in der möglichst keine Strafgefangenen lebten und in der der Landverkauf und die Besiedlung nach planmäßigen Regeln abliefen.

Gründung 1836

Idee von Edward Gibbon Wakefield: Dieser britische Denker hatte sich damit beschäftigt, wie man neue Kolonien aufbaut, ohne eine reine Sträflingsgesellschaft zu haben. Er wollte stattdessen, dass freie Siedler Land kaufen und sich niederlassen konnten.

Adelaide: Man suchte nach einem passenden Ort an der Südküste und gründete dort die Stadt Adelaide, die nach der britischen Königin Adelheid benannt wurde.

Obwohl die Kolonie offiziell noch mit Großbritannien in Verbindung stand, hatte sie eine eigene Verwaltung, getrennt von New South Wales. So entstand Südaustralien als Kolonie, in der freie Siedler aus England, Schottland, Irland und anderen Teilen Europas Land erwarben. Zwar gab es Schwierigkeiten beim Start – unter anderem waren Finanzen und Versorgung knapp –, doch die Region wuchs langsam und gewann an Bedeutung.

Western Australia: Die Swan River Colony

Schon früher hatten die Briten einen Anspruch auf das Gebiet im Westen Australiens erhoben, doch lange blieb das Land kaum besiedelt. Erst 1829 gründete Kapitän James Stirling im Auftrag der britischen Krone die sogenannte Swan River Colony (heute Teil von Western Australia).

Die neue Siedlung, mit Perth als Zentrum, sollte ein „Gegenstück" zu den französischen Interessen sein, denn man befürchtete, Frankreich könnte Australien von Westen her ansteuern. Zudem hoffte man, auch hier fruchtbare Böden und Möglichkeiten für Landwirtschaft vorzufinden. Doch das Klima war trocken, und die ersten Jahre waren hart.

Keine direkte Strafkolonie?

Zunächst war geplant, nur freie Siedler nach Western Australia zu schicken, um das Image einer reinen Strafkolonie zu vermeiden. Allerdings fehlten bald Arbeitskräfte für große Projekte. Daher stimmte man später doch dem Transport von Strafgefangenen zu, um günstige Arbeitskräfte zu haben.

So entwickelte sich Western Australia zu einer Kolonie mit eigener Verwaltung. Sie war weit weg von Sydney und hatte ein eigenes Tempo. Offiziell blieb es zwar in den Augen der britischen Regierung lange Zeit unter dem Dach von New South Wales, doch in der Praxis agierte es sehr eigenständig.

Die Entstehung Victorias: Gold und Eigenständigkeit

Ein besonders eindrückliches Beispiel für die Entstehung einer neuen Kolonie ist Victoria. Ursprünglich war das Gebiet im Süden Teil von New South Wales. Das Zentrum dort war die kleine Siedlung an der Port-Phillip-Bucht, die später Melbourne genannt wurde.

Frühe Besiedlung

In den 1830er Jahren begannen Siedler aus Tasmanien (Van Diemen's Land), rund um die Port-Phillip-Bucht Schafstationen aufzubauen.

Der Ort Melbourne wuchs schnell, weil hier ein natürlicher Hafen und vergleichsweise gute Flächen für die Landwirtschaft und Schafzucht zu finden waren.

Unzufriedenheit mit Sydney

Die Bewohner des Port-Phillip-Distrikts fühlten sich von Sydney vernachlässigt. Sie hatten das Gefühl, Steuern zu zahlen, aber kaum Unterstützung für den Ausbau ihrer Region zu erhalten. Die Verwaltung in Sydney war weit entfernt, und vieles musste erst umständlich abgesprochen werden.

Der Goldrausch als Katalysator

Dann kam 1851 der Goldrausch in der Umgebung von Ballarat und Bendigo. Plötzlich wurde die Region zum Magneten für Tausende von Goldsuchern. Die Städte wuchsen explosionsartig, und es war klar, dass der lokale Bedarf an Verwaltungsentscheidungen schnell stieg.

Darum trennten sich die Siedler im Port-Phillip-Gebiet offiziell von New South Wales. Sie gründeten die Kolonie Victoria, benannt nach der britischen Königin. Melbourne wurde zur Hauptstadt. Von da an entwickelte sich Victoria, gestützt auf das Gold und die Landwirtschaft, zu einer der wohlhabendsten Kolonien Australiens.

Queensland – Trennung im Norden

Ein weiteres Abspaltungskapitel schrieb sich 1859, als Queensland entstand. Das nördliche Gebiet von New South Wales war bislang wenig entwickelt, doch in den 1840er und 1850er Jahren gab es zunehmend Siedlungen und Weidewirtschaft.

Gründe für die Abspaltung

Große Entfernungen: Der Weg von Brisbane (im heutigen Queensland) nach Sydney war weit und oft umständlich.

Wirtschaftliche Interessen: Die Rinder- und Schafhalter im Norden hatten andere Bedürfnisse, etwa ein anderes Klima, was Einfluss auf Ackerbau und Zucht hatte.

Zunahme der Bevölkerung: Brisbane und umliegende Gebiete wuchsen. Man wollte eigene Gesetze zur Vergabe von Land erlassen, ohne immer bei der Regierung in Sydney anfragen zu müssen.

So wurde 1859 das neue Queensland geschaffen, mit Brisbane als Hauptstadt. Damit war ein großer Teil der Ostküste in eigenen

Händen. Die Kolonie Queensland suchte bald nach weiteren Möglichkeiten, ihren Einfluss auszudehnen, insbesondere im Norden Richtung Cape York und ins Landesinnere.

Motive hinter den Abspaltungen

Die Abspaltungen von New South Wales und die Gründung neuer Kolonien hatten verschiedene Gründe, die in allen Regionen ähnlich waren:

Regionale Wirtschaft: Ob Gold, Landwirtschaft oder Viehzucht – jede Region wollte ihre eigenen Einnahmen verwalten und in die eigene Infrastruktur investieren.

Geographische Entfernung: Die Nachrichten brauchten viel Zeit, um von Sydney in entlegene Gebiete zu kommen. Wer vor Ort entschied, konnte schneller reagieren.

Kulturelle Unterschiede: Manche Kolonisten hatten eigene Vorstellungen von Recht und Ordnung oder wollten bestimmte Bevölkerungsgruppen (Sträflinge, freie Siedler, Aborigines) anders behandeln, als es die Regierung in Sydney vorsah.

Machthunger mancher Eliten: Lokale Anführer sahen die Chance, selbst an Einfluss zu gewinnen, wenn sie eine eigene Kolonie gründeten und dort Posten besetzen konnten, etwa in der Regierung oder im Parlament.

Aus britischer Sicht war diese Aufspaltung akzeptabel, solange keine rivalisierenden Mächte (wie Frankreich) versuchten, Fuß zu fassen, und solange die Kolonien sich wirtschaftlich und politisch stabil zeigten.

Neue Grenzen und Herausforderungen

Die neu entstandenen Kolonien mussten ihre Grenzen definieren, Regierungsstrukturen aufbauen und eigene Gesetze erlassen. Das war nicht einfach, denn an vielen Stellen war das Landesinnere noch kaum erkundet (siehe Kapitel 6).

Grenzziehung: Oft zog man einfach Linien auf Landkarten, die entlang von Breitengraden oder Längengraden verliefen, ohne Rücksicht auf Berge, Flüsse oder das traditionelle Land der Aborigines.

Aufbau der Verwaltung: Jede Kolonie brauchte einen Gouverneur, Räte und Beamte, die sich um Steuern, Landverkauf, Polizei und Justiz kümmerten. Das bedeutete einen wachsenden Verwaltungsapparat, der bezahlt werden musste.

Beziehungen untereinander: Die Kolonien waren nun eigenständig, mussten aber Handel treiben, Post verschicken und Reisende empfangen. Das erforderte Absprachen über Zölle, Eisenbahnschienen und andere wichtige Themen.

Diese Herausforderungen führten später immer wieder zu Streitigkeiten, etwa wenn eine Kolonie hohe Zölle auf Waren aus einer anderen Kolonie legte. Außerdem gab es Konkurrenz um Einwanderer, weil jede Kolonie möglichst viele fleißige Neuankömmlinge anziehen wollte.

Auswirkungen auf die Aborigines

Die Aborigines hatten in diesem Prozess nichts zu sagen. Sie hatten kein Mitspracherecht, wenn es darum ging, wie Grenzen gezogen wurden oder wie Landgesetze aussahen. Mit jeder neuen Kolonie wurde eine neue Regierung eingesetzt, die wiederum eigene Vorschriften zur Kontrolle der Aborigines erließ.

Auf diese Weise wurde das Leben der Ureinwohnerinnen und Ureinwohner noch komplizierter: Was in einem Teil des Kontinents galt, musste nicht zwingend in einem anderen gelten. Manche

Kolonien führten sogar unterschiedliche Regelungen zum Thema „Schutz" oder „Missionierung" ein. Im Ergebnis litt die indigene Bevölkerung weiterhin unter Landverlust und Ausgrenzung.

Koloniale Verwaltungen und Parlamente

Nachdem eine neue Kolonie gegründet war, formierte sich langsam ein Parlament. Dabei unterschied man oft zwischen einer gesetzgebenden Versammlung (Legislative Assembly) und einem Oberhaus (Legislative Council). Die Mitglieder des Unterhauses wurden meist gewählt, das Oberhaus dagegen konnte ernannt sein oder einen höheren Besitzstatus als Voraussetzung haben.

Mit der Zeit kamen Reformen, die das Wahlrecht für Männer erleichterten. Frauen waren zunächst ausgeschlossen, was erst später (in einigen Kolonien ab Ende des 19. Jahrhunderts) geändert wurde. Die Parlamente kümmerten sich um Themen wie Landverkauf, Polizeiwesen, Bildung, Straßenbau und Steuern.

Finanzielle Selbstständigkeit

Das Geld, das die Kolonien durch Landverkäufe, Zölle oder Steuern einnahmen, durften sie weitgehend selbst verwalten. Die britische Regierung behielt sich jedoch das Recht vor, Gouverneure einzusetzen, die Gesetze ablehnen konnten, wenn sie gegen britische Interessen verstießen. Nach und nach lockerte sich diese Kontrolle, sodass die Kolonien tatsächlich selbstständig agieren konnten.

Streitfälle zwischen Kolonien

Obwohl sie alle Teil des britischen Empire waren, entwickelten sich zwischen den Kolonien oft Spannungen. Ein Beispiel war der Konkurrenzkampf zwischen Victoria und New South Wales in der zweiten Hälfte des 19. Jahrhunderts. Melbourne und Sydney wetteiferten darum, welche Stadt das wirtschaftliche Zentrum Australiens sein sollte.

Zollschranken: Manche Kolonien erhoben Zölle auf Waren, die aus anderen Kolonien kamen, um die eigene Industrie zu schützen. Das erschwerte den inneraustralischen Handel.

Transport und Eisenbahnen: Da jede Kolonie ihre eigenen Schienenbaubreiten wählte, konnte ein Zug nicht einfach die Grenze überqueren und weiterfahren. Das führte zu umständlichen Umladungen.

Grenzstreitigkeiten: In ländlichen Gebieten waren Grenzlinien oft unklar, was zu Auseinandersetzungen führen konnte.

Solche Konflikte verdeutlichten, warum später die Idee einer Föderation aufkam: Man erkannte, dass eine zu starke Zersplitterung für den Gesamttraum Australien nicht ideal war.

Wandel in der Bevölkerung

Durch die Gründung neuer Kolonien teilte sich die Bevölkerungsbewegung auf. Einwanderer konnten nun direkt nach Queensland oder Victoria gehen, ohne den Umweg über Sydney. Das führte dazu, dass sich die Bevölkerung von New South Wales auf mehrere Regionen verteilte.

In den Kolonien selbst entstanden eigene Identitäten: Die Menschen in Queensland sahen sich nach einigen Jahren als „Queenslander", die in Victoria als „Victorianer" usw. Diese Loyalitäten schürten einerseits den Stolz und das Zusammengehörigkeitsgefühl innerhalb der Kolonie, andererseits hielten sie eine gewisse Rivalität mit den Nachbarn aufrecht.

Einfluss der britischen Regierung

Die britische Regierung in London hatte kein grundsätzliches Interesse daran, Australien in viele kleine Teile zu zerlegen. Ihr war jedoch klar, dass jede Region anders zu managen war und dass lokale Verwaltungen Entlastung schufen.

- **Ernennung von Gouverneuren**: Auch nach der Gründung neuer Kolonien kamen die Gouverneure meist aus Großbritannien. Sie sollten für Ordnung sorgen und die Interessen der Krone wahren.

- **Verfassungen und Gesetze**: Die Kolonien durften eigene Gesetze schaffen, solange diese die britischen Grundsätze nicht verletzten.

- **Imperiale Verteidigung**: Das Militär lag zunächst weiter in britischer Hand. Die Kolonien waren für die eigenen Polizeikräfte und Milizen zuständig, konnten aber keine komplett unabhängige Armee aufstellen.

Gegen Ende des 19. Jahrhunderts nahm das britische Interesse an den Details der australischen Politik ab. Die Kolonien waren wirtschaftlich erfolgreich genug, um sich weitgehend selbst zu tragen. Gleichzeitig war das „Zweckbündnis" im Empire wichtig: Australien lieferte Rohstoffe und Wolle, während Großbritannien für Seeschutz sorgte.

Stimmung bei den Siedlern und Konflikte mit den Eliten

In manchen neu gegründeten Kolonien war die Freude groß, sich nicht mehr dem „fernen Sydney" unterordnen zu müssen. Man konnte eigene Steuern gestalten, das Land verkaufen oder verteilen, wie man es wollte, und sich auf die eigenen Bedürfnisse konzentrieren.

Allerdings schufen die Abspaltungen auch neue Eliten, die oft schnell großen Landbesitz an sich zogen oder in der Politik das Sagen hatten. Kleinbauern oder Einwanderer, die weniger Mittel hatten, stießen sich teils an der Dominanz dieser Eliten. So entbrannten in jeder Kolonie die schon erwähnten Konflikte zwischen Großgrundbesitzern (Squatters) und kleineren Siedlern (Selektors).

Dennoch fühlten sich viele Siedler freier und selbstbestimmter als zuvor. Man gründete lokale Zeitungen, etablierte öffentliche Treffen und Vereine und diskutierte, wie man die Kolonie weiter voranbringen konnte.

Spätere Auswirkung: Nährboden für die Föderationsidee

Wenn man sich fragt, wie es später zur Bildung des Australischen Bundes (siehe spätere Kapitel) kam, sieht man hier den Ausgangspunkt. Die Kolonien waren zwar eigenständig, teilten aber eine gemeinsame Sprache, eine ähnliche Kultur und das Erbe der britischen Kolonialverwaltung.

Wichtige Punkte, die später zur Föderation führten:

Gemeinsame Verteidigung: Man machte sich Sorgen über ausländische Mächte, die möglicherweise Teile Australiens besetzen könnten.

Wirtschaftliche Erleichterungen: Zölle zwischen den Kolonien waren lästig. Man erkannte, dass ein gemeinsamer Markt sinnvoll wäre.

Nationale Identität: Trotz aller Rivalität fühlten sich viele Bewohner der Kolonien als „Australier". Dieses Gefühl wuchs mit der Zeit, besonders nachdem die Generationen heranwuchsen, die bereits in Australien geboren waren.

KAPITEL 12: POLITISCHE REFORMEN UND DIE ROLLE DER FRAUEN

Einleitung

Während sich die Kolonien in Australien im 19. Jahrhundert ausbreiteten und festigten, kamen zunehmend Forderungen nach politischen Veränderungen auf. In verschiedenen Teilen der Gesellschaft wuchs der Wunsch nach mehr Mitbestimmung, gerechteren Wahlrechten und einer stärkeren Berücksichtigung unterschiedlicher Bevölkerungsgruppen.

In diesem Kapitel richten wir den Blick besonders auf die politischen Reformen der Kolonien und die Rolle, die Frauen in diesem Prozess spielten. Frauen waren zunächst weitgehend ausgeschlossen vom Wahlrecht und anderen Bereichen des öffentlichen Lebens. Doch nach und nach organisierten sie sich und setzten sich für ihre Rechte ein. So wurde im ausgehenden 19. Jahrhundert ein wichtiger Grundstein für spätere Veränderungen gelegt.

Wir werden sehen, wie die Kolonien eigene Parlamente ausbauten, wie sich neue Parteien bildeten und wie Frauen zum ersten Mal in die politische Arena traten. Zudem betrachten wir den Alltag vieler Frauen, die unter harten Bedingungen auf Farmen, in Städten oder als Arbeiterinnen lebten, und dennoch Wege fanden, sich Gehör zu verschaffen.

Erste Parlamente und das eingeschränkte Wahlrecht

In den verschiedenen Kolonien hatten sich nach und nach Parlamente gebildet, die zunächst nur aus ernannten Räten bestanden. Später kamen gewählte Kammern hinzu, aber das Wahlrecht war stark eingeschränkt. Oft mussten Männer Landbesitzer sein oder ein gewisses Einkommen vorweisen, um wählen zu dürfen. Das schloss ärmere Schichten und nahezu alle Frauen aus.

Übliche Einschränkungen:

Mindestbesitz: Ein Mann musste etwa ein Haus, Land oder Vieh im Wert von einer bestimmten Summe besitzen.

Steuern: Teilweise war das Wahlrecht an die pünktliche Zahlung bestimmter Steuern geknüpft.

Ein gewisses Alter: Meist 21 Jahre oder älter.

Frauen: In allen Kolonien waren Frauen vom Wahlrecht ausgeschlossen, unabhängig vom Besitz.

Im Lauf der 1850er und 1860er Jahre kam es zu Reformen, die mehr Männern (auch ohne Landbesitz) den Zugang zum Wahlrecht eröffnete. Doch bei diesen Reformen blieben Frauen zunächst unberücksichtigt.

Soziale Bewegungen und Arbeiterorganisationen

Parallel zu diesen Parlamentsreformen entstand in den wachsenden Städten eine Arbeiterbewegung. Fabriken, Bergwerke und große landwirtschaftliche Betriebe beschäftigten viele Menschen, die sich in Gewerkschaften oder Vereinen zusammenschlossen, um bessere Löhne und Arbeitsbedingungen zu fordern.

Beispiele:

Drucker, Bäcker, Maurer und andere Handwerker bildeten meist zuerst ihre eigenen Berufsverbände.

Später folgten Bergleute und Fabrikarbeiter, die in Versammlungen über ihre Interessen sprachen.

Diese Organisationen wollten nicht nur wirtschaftliche Verbesserungen, sondern auch politische Mitsprache. So entstand eine Verbindung zwischen der Forderung nach Wahlrechtsausweitung und dem Kampf um Arbeiterrechte.

Frauen spielten dabei eine zweifache Rolle: Einerseits waren auch sie in manchen Bereichen (z. B. Textilindustrie, Hausbedienstete) beschäftigt, hatten also ähnliche Anliegen. Andererseits wurden sie in den meisten Gewerkschaften anfangs kaum berücksichtigt. Oft übernahmen Frauen eher Nebenrollen, zum Beispiel als Unterstützerinnen bei Streiks.

Anfänge der Frauenbewegung

Trotz aller Widrigkeiten gab es bereits im 19. Jahrhundert Frauen, die sich für ihre Rechte einsetzten. Sie wurden teils von den Ideen aus Europa oder Amerika inspiriert, wo es bereits erste Frauenorganisationen gab.

Petitionen: Einige Frauen reichten Petitionen an die Kolonialparlamente ein, in denen sie das Frauenwahlrecht forderten.

Vereine: In den Städten entstanden Frauenvereine, die sich um Wohltätigkeit, Bildung oder moralische Themen (wie z. B. Mäßigung im Alkoholkonsum) kümmerten. Aus diesen Vereinen heraus formierten sich oft Gruppen, die sich politischer engagierten.

Öffentliche Reden: Mutige Frauen wagten es, bei Veranstaltungen vor Publikum zu sprechen, was für die damalige Zeit sehr ungewöhnlich war.

Diese frühen Aktivistinnen hatten es schwer: Die Gesellschaft war stark von der Vorstellung geprägt, dass der Platz der Frau in Haus und Familie liege. Öffentliches Engagement wurde kritisch beäugt. Dennoch ließen sich manche Frauen nicht entmutigen.

Das tägliche Leben vieler Frauen

Bevor wir näher auf die politische Rolle eingehen, ist es wichtig, den Alltag der meisten Frauen in den Kolonien zu verstehen:

Haus und Familie: Die meisten verheirateten Frauen kümmerten sich um Haushalt, Kinder und oft auch um die Versorgung von Tieren oder einem kleinen Garten. Auf entlegenen Farmen war das mit harter Arbeit verbunden.

Berufstätigkeit: Unverheiratete Frauen arbeiteten häufig als Dienstmädchen, Näherinnen oder in Fabriken (später). Manche fanden Anstellung als Lehrerinnen in Dorfschulen.

Rechtliche Benachteiligung: Verheiratete Frauen hatten oft kein eigenes Recht auf Besitz. Das Erbe oder Vermögen ging automatisch in die Obhut des Ehemanns über. Scheidungen waren selten und für Frauen noch schwieriger durchzusetzen.

Dennoch gab es Ausnahmen: Einige Frauen führten erfolgreich Gasthäuser, kleine Läden oder sogar größere Geschäfte, wenn der Ehemann starb oder verhindert war. Doch insgesamt lag die Hauptlast des häuslichen Bereichs bei den Frauen, während die politische Bühne den Männern vorbehalten blieb.

Erste Erfolge bei der Bildung

Im Bereich der Schulbildung konnten Frauen eher Erfolge erzielen als in der Politik. Die wachsenden Kolonien brauchten Lehrerinnen für Mädchenschulen und Kleinkinderspezialklassen. So schafften sich manche Frauen einen Beruf, in dem sie geachtet waren.

Mädchenschulen: Einige einflussreiche Familien gründeten private Schulen nur für Mädchen aus gutem Hause. Diese erhielten Unterricht in Lesen, Schreiben, Rechnen, aber auch Handarbeit und Musik.

Zugang zu Universitäten: Gegen Ende des 19. Jahrhunderts begannen die ersten Universitäten, Frauen unter bestimmten Bedingungen zuzulassen. Das geschah z. B. in der University of Sydney (ab 1880er Jahren), wenn auch zunächst in kleinen Zahlen.

Solche Bildungsfortschritte weckten in manchen Frauen den Wunsch, sich auch politisch zu betätigen. Wer lesen, schreiben und argumentieren konnte, fühlte sich bestärkt, an der öffentlichen Debatte teilzunehmen.

Politische Bewegungen: Liberale und Radikale

Mit der Entwicklung der Parlamente bildeten sich Gruppen, die man heute als Parteien bezeichnen würde. Manche waren eher konservativ und wollten die Macht der Großgrundbesitzer oder Geschäftsleute sichern. Andere waren liberal oder sogar radikal und befürworteten mehr Bürgerrechte.

In diesem Kontext tauchten Forderungen auf, das Wahlrecht weiter auszuweiten und soziale Reformen voranzutreiben. Ein Teil dieser liberalen oder radikalen Reformbewegungen unterstützte auch das Anliegen der Frauen. Man sah darin eine konsequente Fortführung des Gedankens, dass alle Bürgerinnen und Bürger einer Kolonie mitbestimmen sollten.

Nicht alle Reformer waren allerdings für das Frauenwahlrecht. Einige Männer befürchteten, dass politisch aktive Frauen ihre traditionellen Rollen in Familie und Gesellschaft verändern würden. Andere hatten die Sorge, dass Frauen eher moralische Themen hochhalten könnten, wie etwa das Verbot von Alkohol, und damit gegen die Interessen vieler Kneipenwirte und Brauer stünden.

Suffrage-Bewegung in den Kolonien

Der Begriff „Suffrage" kommt aus dem Englischen und bedeutet „Wahlrecht". Die Suffrage-Bewegung war also die Bewegung, die sich für das Stimmrecht der Frauen einsetzte. In Australien begann diese Bewegung gegen Ende der 1880er Jahre an Kraft zu gewinnen.

Vereine und Kampagnen: Frauen gründeten Wahlrechtsvereine, sammelten Unterschriften und traten an die Parlamente heran. Sie zeigten, dass sie als Bürgerinnen Steuern zahlten, zur Gemeinschaft beitrugen und daher auch ein Mitspracherecht haben sollten.

Prominente Aktivistinnen: Namen wie Mary Lee in South Australia oder Vida Goldstein in Victoria wurden bekannt. Diese Frauen hielten Reden, schrieben in Zeitungen und luden zu Versammlungen ein.

Unterstützung durch Teile der Männer: Einige männliche Abgeordnete unterstützten diese Anliegen, meistens jene mit liberalem oder radikalem Hintergrund.

Die Kolonien gingen verschiedene Wege. In South Australia zum Beispiel wurde 1894 das Frauenwahlrecht eingeführt, und zwar nicht nur das passive Wahlrecht (also das Recht zu wählen), sondern sogar das Recht, selbst ins Parlament gewählt zu werden. South Australia war damit eines der Vorreitergebiete weltweit.

Widerstand gegen das Frauenwahlrecht

Natürlich gab es auch starken Widerstand. Viele konservative Politiker und Zeitungen behaupteten, Frauen seien zu emotional oder hätten nicht genug Verständnis für politische Fragen. Sie sahen die Aufgabe der Frauen ausschließlich in der Familie.

Manche argumentierten, das Wahlrecht führe zu einem Zerbrechen der traditionellen Geschlechterrollen. Andere befürchteten, dass Frauen sich für bestimmte Gesetze (wie Alkoholverbote oder Sozialreformen) starkmachen würden, was die bestehenden Machtverhältnisse durcheinanderbringen könnte.

Trotzdem ließen sich die Aktivistinnen nicht einschüchtern. Sie verfassten Flugblätter, organisierten Protestaktionen und überzeugten immer mehr Teile der Bevölkerung von ihrem Anliegen.

Das Beispiel South Australia (Südaustralien)

South Australia stach besonders hervor. Man hatte dort schon früh Wert auf freie Siedlung gelegt (siehe Kapitel 11). Auch soziale und religiöse Gruppen waren dort aktiv, die für Gleichberechtigung eintraten.

1894 wurde ein Gesetz verabschiedet, das Frauen das Wahlrecht und sogar das Recht zur Kandidatur erlaubte.

Als diese Neuerung 1895 in Kraft trat, durften Frauen bei den nächsten Wahlen tatsächlich ihre Stimme abgeben und selbst zur Wahl antreten.

Dieser Erfolg in Südaustralien inspirierte Frauen in anderen Kolonien, ihre Anstrengungen zu verstärken. Es zeigte, dass ein historischer Fortschritt möglich war, wenn es genug politischen Willen gab.

Victoria, New South Wales und andere Kolonien

In Victoria gab es eine lange Auseinandersetzung um das Frauenwahlrecht. Obwohl sich dort viele Aktivistinnen engagierten, scheiterten mehrere Anläufe im Parlament. Erst 1908 erhielten Frauen in Victoria das Wahlrecht auf kolonialer Ebene (allerdings waren wir da schon nah am Zusammenschluss zum Bundesstaat im Commonwealth-Kontext, was in einem späteren Kapitel behandelt wird).

In New South Wales, Western Australia, Queensland und Tasmanien dauerte es ebenfalls bis kurz vor oder um die Jahrhundertwende, bis Frauen dort zumindest auf kolonialer Ebene wählen durften.

Wichtiger Unterschied

Auf Bundesebene, nach der Föderation (ab Kapitel 14/15), wurde das Frauenwahlrecht dann 1902 eingeführt – allerdings schloss dieses Bundeswahlrecht damals die Aborigines-Frauen (und generell die meisten Aborigines) aus. Das Thema der Beteiligung der Ureinwohner blieb eine ganz andere, traurige Geschichte, die erst viel später ernsthaft angegangen wurde.

Die Realität der meisten Frauen trotz Wahlrecht

Obwohl das Frauenwahlrecht in einigen Kolonien eine große Errungenschaft war, änderte sich der Alltag vieler Frauen nicht schlagartig. Nach wie vor mussten sie harte Arbeit leisten, erhielten oft niedrigere Löhne als Männer und blieben in vielen Berufen ausgeschlossen.

Die rechtliche Lage verheirateter Frauen verbesserte sich nur langsam. In manchen Kolonien konnten sie immerhin ihr eigenes Vermögen behalten. Scheidungsgesetze wurden zögerlich angepasst. Doch es fehlte an Unterstützungseinrichtungen wie Kinderbetreuung oder Sozialhilfe, die Frauen in Not hätten helfen können.

Trotzdem stellte das Wahlrecht einen bedeutenden Schritt dar. Es gab Frauen eine Stimme in der Politik und ermöglichte es ihnen, zum Beispiel Abgeordnete zu wählen, die Frauenanliegen ernst nahmen. Oder sie selbst konnten – zumindest theoretisch – für ein Mandat kandidieren.

Verbindungen zu internationalen Bewegungen

Die Frauenbewegungen in Australien standen nicht isoliert da. Es gab Kontakte und Schriftwechsel mit Suffragetten in Großbritannien, den USA und Neuseeland. Gerade Neuseeland führte das Frauenwahlrecht schon 1893 ein und war damit ein Vorreiter weltweit. Diese Nachrichten motivierten die Australierinnen zusätzlich.

Genauso nutzten Frauen hier die englischsprachigen Zeitungen, um Artikel aus den USA oder London zu lesen und ihre Kampagnen anzupassen. So entstand ein Gefühl, Teil einer größeren internationalen Bewegung zu sein, die für die Rechte der Frauen kämpfte.

Die Rolle der Kirchen und anderer Vereine

Auch in den Kirchen gab es geteilte Meinungen zur Rolle der Frauen. Manche Geistliche lehnten das Frauenwahlrecht ab und verwiesen auf traditionelle Bibelauslegungen. Andere unterstützten es, weil sie in der Partizipation der Frauen eine moralische Stärkung der

Gesellschaft sahen (etwa im Kampf gegen Alkoholmissbrauch oder Prostitution).

Viele Frauen waren zudem in Vereinen aktiv, die nicht rein politisch waren, sondern sich um Wohlfahrt kümmerten:

Temperenz-Bewegung: Diese richtete sich gegen den Alkoholmissbrauch. Viele Frauen wollten, dass Familien nicht durch Trunkenheit zerstört werden.

Wohlfahrtsvereine: Sie sammelten Geld für Waisenhäuser, Schulen oder Kranke.

Über diese Vereine lernten Frauen, Versammlungen zu organisieren, Reden zu halten und Mittel zu beschaffen. Das half ihnen später bei politischen Petitionen und Kampagnen.

Fortschritte für die Arbeiterinnen

Auch in der Arbeitswelt entstanden nach und nach Verbesserungen. Mit dem Aufkommen von Gewerkschaften konnten Frauen in manchen Branchen Tarifabkommen erreichen, die ihnen etwas höhere Löhne oder kürzere Arbeitszeiten sicherten. Allerdings blieb die Lohnlücke zu den Männern groß.

In einigen Kolonien entstanden Frauen-Gewerkschaftsgruppen, die spezielle Anliegen vertraten, wie etwa den Schutz vor sexueller Belästigung am Arbeitsplatz oder die Einrichtung von Ruheräumen für Arbeiterinnen, die schwanger waren oder sich unwohl fühlten. Das war alles andere als selbstverständlich und stieß oft auf Spott oder Widerstand.

Die Bedeutung dieser Entwicklung für die spätere australische Gesellschaft

Die politischen Reformen und die Rolle der Frauen in dieser Zeit legten einen wichtigen Grundstein. Als die Kolonien später zur Föderation zusammenkamen, brachte jede Kolonie ihre Erfahrungen mit Wahlrechtsbewegungen, Frauenorganisationen und politischen Strukturen ein.

Frühe Gleichstellungsschritte: Australien wurde eines der ersten Länder weltweit, in denen Frauen wählen und kandidieren durften (wenn auch mit Ausnahmen für Aborigines). Das trug zum Bild Australiens als relativ fortschrittliches Land bei.

Einfluss auf Sozialgesetze: Frauen nutzten ihre neue Macht, um soziale Themen in die Parlamente zu bringen – etwa Schulbildung, Gesundheitsversorgung und Kinderschutz.

Weichenstellung für das 20. Jahrhundert: Die Erfahrungen halfen, dass sich im frühen 20. Jahrhundert ein Bewusstsein dafür entwickelte, dass eine moderne Gesellschaft Frauen nicht ausschließen kann.

KAPITEL 13: WIRTSCHAFTLICHER AUFSCHWUNG UND UMWELTFOLGEN

Einleitung

Gegen Ende des 19. Jahrhunderts und zu Beginn des 20. Jahrhunderts erlebten die australischen Kolonien einen rasanten wirtschaftlichen Aufschwung. Neben Gold und landwirtschaftlichen Produkten kamen immer mehr Industriezweige hinzu. Neue Eisenbahnen, Dampfschiffe und Kommunikationswege beschleunigten den Handel. Menschen in den Kolonien fühlten Optimismus und Hoffnung auf noch mehr Wohlstand. Doch diese schnelle Entwicklung hatte auch Schattenseiten: Die Umwelt litt unter intensiver Nutzung, und Tiere sowie Pflanzen wurden in manchen Regionen stark verdrängt oder ausgerottet.

In diesem Kapitel widmen wir uns der Frage, wie Australien zu dieser Zeit wirtschaftlich stärker wurde und welche neuen Bereiche das Wachstum antrieben. Dabei sehen wir auch, wie die Umwelt vernachlässigt wurde. Wir beleuchten den Umgang mit den natürlichen Ressourcen, den Verbrauch von Wasser und Boden sowie das Verhältnis der Kolonialverwaltungen zur einheimischen Tier- und Pflanzenwelt. Schließlich untersuchen wir auch die Gedanken einiger Menschen, die bereits erste Stimmen gegen die rücksichtslose Ausbeutung der Natur erhoben.

Ausbau der Infrastruktur: Eisenbahn und Dampfschiffe

In den letzten Jahrzehnten des 19. Jahrhunderts erkannten die Kolonien, dass sie ohne eine gut ausgebaute Infrastruktur keine weiteren wirtschaftlichen Sprünge schaffen würden. Das bedeutete, dass Straßen und vor allem Bahnlinien gebaut werden mussten.

Eisenbahnen: Jede Kolonie begann, ein eigenes Schienennetz zu planen. In New South Wales und Victoria entstanden wichtige Bahnstrecken, die landwirtschaftliche Regionen mit den Hafenstädten verbanden. Farmer konnten ihre Wolle, ihr Getreide oder Vieh schneller und in größerer Menge in die Städte bringen. Das steigende Verkehrsaufkommen sorgte für neue Arbeitsplätze, zum Beispiel beim Gleisbau oder in Lokomotivfabriken.

Probleme mit den Spurweiten: Weil jede Kolonie eigenständig plante, entstanden unterschiedliche Spurweiten. Das bedeutete, dass ein Zug aus Victoria nicht einfach nach New South Wales fahren konnte. An der Grenze musste umgeladen werden. Diese Uneinheitlichkeit war lästig und teuer, wurde aber lange hingenommen, da jede Kolonie sich in vielen Belangen unabhängig fühlte.

Dampfschiffe: Für den Überseehandel setzte man immer häufiger Dampfschiffe ein. Dadurch wurde die Reisezeit nach Europa kürzer. Der Transport von Waren wie Wolle, Getreide oder Gold konnte besser kalkuliert werden. Auch der Passagierverkehr profitierte: Auswanderer kamen schneller an, und Briefe oder Pakete erreichten England in kürzerer Zeit.

Dieser Ausbau der Infrastruktur hatte enorme Wirkungen auf Wirtschaft und Alltag. Menschen konnten leichter reisen, Rohstoffe gelangten rasch in die verarbeitenden Betriebe, und Waren fanden schneller ihren Weg in die Häuser der Verbraucherinnen und Verbraucher.

Entwicklung neuer Industriezweige

Während der Goldrausch (siehe Kapitel 9) große Massen an Glückssuchenden angezogen hatte, begann sich nach und nach eine breitere Industrie zu etablieren.

Bergbau über Gold hinaus: In einigen Regionen fand man andere Bodenschätze wie Silber, Zinn, Kupfer und Kohle. Bergbaugesellschaften entstanden und investierten in teures Gerät, Dampfmaschinen und Schachtanlagen. Bergwerksstädte mit eigenen Arbeiterunterkünften wurden gegründet. Dieser Rohstoffabbau brachte weiteren Wohlstand, aber auch starke Eingriffe in die Natur.

Stahl- und Eisenverarbeitung: Mit Kohle konnte man Hochöfen betreiben und aus Eisenerz Stahl gewinnen. Das ermöglichte den Bau von Schienen, Brücken und Werkzeugen im eigenen Land, ohne alles aus England einführen zu müssen. Manch eine Stadt entwickelte sich zum Industriestandort, mit rauchenden Schornsteinen und Fabrikhallen.

Verarbeitende Betriebe: Wolle wurde nicht mehr nur exportiert, sondern teils in eigenen Spinnereien und Webereien weiterverarbeitet. Auch Nahrungsmittelbetriebe (z. B. Mühlen, Brauereien, Konservenfabriken) wuchsen, um die wachsende Bevölkerung zu versorgen.

Dieser Industriewandel führte zu neuen Jobs, zog aber auch Menschen vom Land in die Städte. Die soziale Struktur änderte sich. Städte wie Melbourne, Sydney, Adelaide oder Brisbane boomten und bauten neue Wohnviertel. Gleichzeitig gab es Spannungen zwischen Arbeiterschaft und Fabrikbesitzern um Löhne und Arbeitsbedingungen.

Intensivierung der Landwirtschaft und der Viehzucht

Obwohl neue Industrien an Bedeutung gewannen, blieb die Landwirtschaft ein zentraler Wirtschaftszweig. In vielen Regionen Australiens breitete sich die Schaf- und Rinderzucht weiter aus. Ackerbau nahm ebenfalls zu, vor allem beim Weizenanbau.

Bewässerungsprojekte: Um die Erträge zu steigern, legte man Bewässerungsanlagen und Kanäle an. Am Murray River und seinen Nebenflüssen entstanden großflächige landwirtschaftliche Gebiete. Die Kolonialregierungen förderten diese Projekte, da sie hofften, damit dauerhaft stabile Erträge zu sichern.

Zunahme von Weideflächen: Je mehr Fleisch und Wolle man produzieren konnte, desto mehr Weideland wurde benötigt. Riesige Gebiete im Outback wurden zu Schaffarmen erklärt. Wasserlöcher und Flüsse wurden mitunter aufgestaut oder durch Bohrungen erschlossen, damit die Herden nicht verdursteten.

Technische Hilfsmittel: Fortschritte in der Technik, wie die Erfindung neuer Schergeräte oder landwirtschaftlicher Maschinen, machten die Arbeit produktiver. Auf großen Farmen setzte man

Mähdrescher ein oder nutzte Dreschmaschinen, um Getreide effizienter zu ernten.

Dieser Ausbau der Landwirtschaft machte Australien zu einem wichtigen Exportland für Wolle und Getreide. Die Erfolge wurden in Zeitungen gefeiert, doch kaum jemand achtete darauf, wie diese intensive Nutzung Flora und Fauna beeinträchtigte.

Umweltfolgen: Verdrängung der einheimischen Tierwelt

Mit der Ausweitung von Weide- und Ackerflächen und dem Wachsen der Industrien veränderte sich die Natur Australiens stark. Tiere, die auf bestimmte Lebensräume angewiesen waren, verloren oft ihre angestammten Gebiete.

Kängurus und Wallabys: In manchen Regionen wurden sie als Schädlinge betrachtet, weil sie dasselbe Gras fraßen wie das Vieh. Man jagte sie in großem Maßstab oder vertrieb sie durch Zäune.

Eingeschleppte Arten: Europäische Siedler brachten Ratten, Kaninchen, Füchse und Katzen mit. Kaninchen vermehrten sich extrem schnell und fraßen riesige Mengen an Gras oder Pflanzentrieben, was weitere Probleme für die Landwirtschaft und das natürliche Gleichgewicht schuf. Füchse und Katzen jagten heimische Beuteltiere und Vogelarten.

Rückgang der Megafauna: Schon in früheren Zeiten war Australiens Großtierwelt geschrumpft, doch jetzt beschleunigte sich das Aussterben verschiedener Arten, weil Lebensräume verschwanden und Jagddruck stieg.

Zwar bemerkten manche Farmer, dass die Kaninchenplage und andere Probleme kostspielig waren, doch anstatt das Grundsystem zu überdenken, versuchte man meist, die „Schädlinge" mit Gift oder

Jagd zu bekämpfen. Tiefergehende Umweltfragen standen selten im Vordergrund.

Ausmaß der Rodungen und Waldvernichtung

Weite Flächen Australiens waren ursprünglich von Wäldern, Buschland oder Grassteppen bedeckt, die sich in einem empfindlichen ökologischen Gleichgewicht befanden. Mit der steigenden Nachfrage nach Land für Felder und Weiden rückte die Axt in immer mehr Gebieten vor.

Rodungen: Bäume wurden gefällt, um Platz für Getreide- oder Weideflächen zu schaffen. Das Holz nutzte man für den Hausbau oder als Brennstoff für Dampflokomotiven. In manchen Regionen entstanden ganze Sägewerksindustrien, die den Holzbedarf deckten.

Folgen: Wenn Bäume verschwanden, veränderte sich das lokale Klima und der Wasserkreislauf. Ohne Bewuchs konnten Böden schneller erodieren, vor allem bei starkem Regen. Flüsse schlammten zu, was die Wasserqualität verschlechterte.

Unwiederbringlicher Verlust: Viele der gefällten Wälder bestanden aus Eukalyptus-Arten, die ein Zuhause für Koalas, Vögel und andere Tiere waren. Das rasche Tempo der Rodungen führte dazu, dass diese Lebensräume fast vollständig verschwanden, bevor man sie genauer erforschen konnte.

Dennoch hielt die Regierung großflächige Rodungen für notwendig, um Landwirtschaft und Siedlungen zu ermöglichen. Naturschutzgesetze gab es kaum, und die meisten Menschen sahen in der Natur vor allem eine Ressource.

Wasserknappheit und Flussregulierung

Australien war und ist ein Land mit vielen trockenen Regionen. Um das Wachstum zu stützen, sahen sich die Kolonien gezwungen, Wasserreserven anzulegen und Flüsse zu regulieren.

Staudämme: An verschiedenen Flüssen wurden Staudämme gebaut, um Wasser für Bewässerung und die wachsenden Städte zurückzuhalten. So konnte man trockene Phasen besser überstehen.

Kanäle und künstliche Bewässerung: In landwirtschaftlichen Zentren wie dem Murray-Darling-Becken baute man Kanäle, die Wasser auf weit entfernte Felder leiteten. Das erhöhte die Anbauflächen enorm, führte aber teilweise zu Übernutzung.

Probleme wie Versalzung: Wenn man auf einmal große Flächen bewässerte, stieg oft der Grundwasserspiegel, und gelöste Salze kamen an die Oberfläche. Das machte Böden unfruchtbar. Solche Warnzeichen wurden anfangs ignoriert, weil man schnelle Gewinne witterte.

Zwar erkannte man nach und nach die Schwierigkeiten, doch ein Umdenken war schwierig. Die Kolonien benötigten Erträge, um sich wirtschaftlich zu behaupten und die Infrastruktur zu finanzieren.

Kohle, Erz und die Gefahr für die Luftqualität

Mit dem wachsenden Bergbau förderte man mehr Kohle und Eisenerz. In Städten, in denen Hochöfen oder Stahlwerke entstanden, verschmutzte der Kohlerauch die Luft. Besonders in dicht besiedelten Gebieten konnte man im Winter förmlich den Rauch riechen, der aus den Fabrikschornsteinen aufstieg.

Gesundheitsprobleme: Arbeiter in Fabriken litten an Atemwegserkrankungen. Auch in den Städten war die Luftbelastung höher, was für Kinder, ältere Menschen und Kranke gefährlich war.

Keine gesetzlichen Regelungen: Es gab kaum Vorschriften, die Unternehmen zwangen, Filter oder andere Vorrichtungen einzubauen. Das Umweltbewusstsein steckte in den Kinderschuhen, sodass man die Emissionen hinnahm, solange der wirtschaftliche Profit stimmte.

Trotz erster Beschwerden in Zeitungen und von medizinischer Seite sahen die meisten Menschen dies als Preis des Fortschritts. Stattdessen freute man sich über steigende Stahl- und Kohleproduktion, die das Selbstbewusstsein der Kolonien stärkte.

Suche nach neuen Ressourcen: Perlen, Sandelholz und mehr

Nicht nur Landbau und Bergbau waren interessant. In verschiedenen Küstenregionen suchte man nach anderen Rohstoffen, um Märkte zu erschließen.

Perlenfischerei: An den Küsten im Norden, zum Beispiel rund um Broome in Western Australia, entwickelten sich Perlenfischereien. Perlmutt war in Europa gefragt. Viele Taucher waren Menschen aus Asien oder den pazifischen Inseln, die in harten und teils gefährlichen Bedingungen arbeiteten.

Sandelholz: Dieses Holz war wegen seines Duftes begehrt, unter anderem in China. Händler verschifften es in großen Mengen, bis die Bestände in manchen Gebieten schrumpften.

Walfang und Robbenjagd: Bereits im frühen 19. Jahrhundert hatten Walfänger und Robbenfänger an verschiedenen Küsten Australien angesteuert. Der Walfang ging in einigen Regionen weiter und lieferte Walöl für Lampen oder Maschinen, bis mineralische Öle an Bedeutung gewannen.

All diese Industrien beeinflussten die Umwelt, indem sie zum Beispiel Meeressäugetiere stark bejagten oder Wälder für Sandelholz rodeten. Ein nachhaltiges Management war kaum vorhanden; die Gier nach kurzfristigem Profit stand im Vordergrund.

Die Rolle der Wissenschaft und frühen Umweltbeobachter

Obwohl der Großteil der Gesellschaft den wirtschaftlichen Fortschritt feierte, gab es einzelne Naturforscher und Entdecker, die auf die Verletzlichkeit der australischen Natur hinwiesen. Manche standen in der Tradition von Ludwig Leichhardt oder anderen Forschern, die die Einzigartigkeit der Landschaft wertschätzten.

Botanische Gärten: In Städten wie Sydney, Melbourne und Adelaide entstanden botanische Gärten, in denen heimische und fremde Pflanzen angepflanzt wurden. Diese Orte dienten der Erholung und der Forschung, da man hier Pflanzen dokumentierte und klassifizierte.

Naturschutzpioniere: Einzelne Stimmen, meist ausgebildete Biologen oder Liebhaber der Natur, wandten sich gegen die „ausufernde Zerstörung". Sie kritisierten die Kaninchenplage oder die massenhafte Abholzung. Viele wurden aber nicht ernst genommen, da man die wirtschaftlichen Argumente voranstellte.

Geologische Gesellschaften: Vereine und Fachgruppen untersuchten Böden, Gesteine und Wasserläufe. Ihr Hauptaugenmerk lag jedoch meist auf der Entdeckung weiterer Bodenschätze. Trotzdem lieferten ihre Erkenntnisse erste Hinweise auf Erosion, Versalzung und sinkende Wasserspiegel.

Diese Bemühungen bildeten später die Grundlage für ein steigendes Umweltbewusstsein, das jedoch in unserem betrachteten Zeitraum noch in den Kinderschuhen steckte.

Gesellschaftliche Veränderungen durch den Boom

Die wirtschaftliche Expansion wirkte sich auf das Leben der Menschen in den Kolonien aus:

Städtewachstum: In Metropolen wie Melbourne oder Sydney schossen Wohn- und Geschäftsviertel in die Höhe. Reiche Familien bauten prächtige Häuser in bevorzugten Lagen, während Arbeiter in engen Mietshäusern lebten.

Neue Konsumgüter: Dank moderner Transportwege kamen aus Europa oder den USA mehr Waren. Auch in Australien selbst entstanden Fabriken, die Kleidung, Möbel oder Konserven herstellten. Das bürgerliche Leben umfasste nun auch Restaurants, Kaufhäuser und Freizeitangebote wie Theater oder Sportveranstaltungen.

Soziale Spannungen: Die Kluft zwischen Arm und Reich wurde sichtbarer. Während manche Farmer und Unternehmer zu Wohlstand gelangten, arbeiteten andere in Fabriken oder Minen unter harten Bedingungen. Das war ein Nährboden für Streiks und Proteste, in denen Arbeiter bessere Löhne und Arbeitszeiten forderten.

Insgesamt herrschte aber oft eine aufbruchhafte Stimmung, weil vielen klar war: Australien ist reich an Ressourcen, und die Kolonien haben großes Potenzial, zu prosperieren.

Aborigines und die wirtschaftliche Expansion

Wie in den vorherigen Kapiteln beschrieben, blieben die Aborigines beim wirtschaftlichen Aufschwung ausgeschlossen. Ihr Land wurde genutzt, ohne dass sie dafür entschädigt wurden. Reservate und Missionsstationen boten wenig Perspektiven.

Arbeit in Randbereichen: Einige Aborigines fanden auf den Farmen Arbeit, etwa als Viehhirten oder Fährtenleser. Doch rechtliche Sicherheit fehlte, und sie erhielten oft nur sehr geringe Löhne.

Vertreibung aus angestammtem Land: Sobald ein Gebiet ertragreich war, wurden die dort lebenden Aborigines oft verdrängt. Manchmal kam es zu gewaltsamen Auseinandersetzungen, manchmal zu Umsiedlungen.

Wasserprobleme: Mit dem Anzapfen und Regulieren der Flüsse ging mancher ortsansässigen Gemeinschaft der Zugang zu traditionellen Wasserstellen verloren, was ihre Lebensgrundlage weiter verschlechterte.

All diese Entwicklungen verstärkten die Ungerechtigkeit, die bereits seit der Kolonisation bestand. Während die weiße Bevölkerung neue Chancen nutzte, gerieten die Aborigines immer mehr an den Rand der Gesellschaft.

Erste Schutzgebiete und Jagdverbote?

In einigen Fällen erkannte man, dass bestimmte Tierarten besonders bedroht waren oder dass einzigartige Landschaften geschützt werden sollten. Allerdings waren solche Ansätze selten und meist regional begrenzt.

Schutz von Vogelarten: Manche Kolonien erließen Gesetze gegen exzessive Vogeljagd, um zumindest bestimmte Arten zu bewahren.

Abschussprämien: Paradoxerweise gab es Prämien für die Tötung von Tieren wie Dingos und Kängurus, während man andere Arten schützen wollte. Eine ganzheitliche Umweltpolitik existierte nicht.

Naturschutzgebiete: Erste Ideen, bestimmte Waldgebiete zu schonen, tauchten gegen Ende des 19. Jahrhunderts auf. Oft ging es aber mehr um die Holzsicherung für die Zukunft als um den Erhalt von Artenvielfalt.

Diese frühen Vorstöße blieben zaghaft. Der Gedanke, dass man der Natur Zeit geben müsse, sich zu erholen, war weniger verbreitet als heute.

Private Investitionen und Bankenwesen

Neben dem staatlichen Infrastrukturaufbau investierten auch Private stark in neue Projekte. Reiche Familien oder Unternehmer gründeten Banken, Bergwerksgesellschaften oder Eisenbahnfirmen.

Bankenboom: In den großen Städten entstanden Banken und Versicherungsgesellschaften, die Kredite vergaben, um Farmen auszuweiten oder Fabriken zu bauen. Auch der Immobilienhandel florierte.

Spekulationsblasen: Bei so viel Optimismus kam es manchmal zu Übertreibungen. Wenn zu viele Investoren ohne sichere Grundlagen Geld in Eisenbahnen oder Grundstücke steckten, drohten Krisen. Eine solche Bankenkrise traf in den 1890er Jahren besonders Victoria hart. Einige Investoren verloren alles.

Erholungsphase: Dennoch war die Grundlage der australischen Wirtschaft solide, da Landwirtschaft und Bergbau weiterhin nachgefragt wurden. Nach einer Phase der Rezession erholten sich die Kolonien meist relativ schnell.

Dieser ständige Wechsel aus Aufschwüngen und Einbrüchen prägte das ökonomische Klima. Die Hoffnung blieb, dass Australien durch seine Bodenschätze und landwirtschaftlichen Ressourcen stets ein sicherer Ort für Investments sei.

Neue Arbeitsverhältnisse und Gewerkschaften

Die Veränderungen in Industrie und Landwirtschaft führten zu neuen Arbeitsverhältnissen. Nicht alle Menschen waren Selbstversorger oder kleinteilige Farmer. Viele arbeiteten für Lohn in Minen, Fabriken oder auf großen Stationen.

Gewerkschaftsbildung: Wie bereits erwähnt, organisierten sich Arbeiter in Gewerkschaften. Besonders Bergleute, Schafscherer und Hafenarbeiter gründeten mächtige Verbände, um gemeinsam höhere Löhne auszuhandeln.

Streiks: Immer wieder kam es zu Streiks und Auseinandersetzungen. Ein bekanntes Beispiel ist der Schafscherer-Streik von 1891 in Queensland, bei dem Arbeiter gegen niedrige Löhne und harte Bedingungen protestierten. Dieser Streik hatte großen Einfluss auf die politische Landschaft, da einige radikale Gewerkschafter später zur Gründung einer Arbeiterpartei beitrugen.

Politische Parteien: Aus diesen Bewegungen entstand in Australien später eine starke Arbeiterpartei (Labour Party oder Labor Party), die sich für die Rechte der Arbeiterschaft und soziale Reformen einsetzte.

Damit wuchs der Druck, mehr soziale Gesetze zu verabschieden. Einige Kolonien führten erste Regelungen für Arbeitszeiten und Unfallversicherungen ein, wenn auch in bescheidener Form.

Gemeinsame Probleme: Dürren und Seuchen

Trotz aller Fortschritte wurden die Kolonien immer wieder von Dürren oder Tierseuchen heimgesucht.

Dürren: In ariden Gebieten konnte eine mehrjährige Dürre verheerende Folgen haben. Vieh starb, Felder verdorrten, Farmer gingen bankrott. Die Abhängigkeit von Flüssen und Niederschlägen blieb ein Risikofaktor.

Seuchen bei Tieren: Rinderpest, Maul- und Klauenseuche oder andere Krankheiten konnten Herdentiere dahinraffen. Das beeinträchtigte die Fleisch- und Milchversorgung und sorgte für finanzielle Einbußen.

Auswirkungen auf die Städte: Auch in den Städten spürte man die Folgen, wenn Nahrungsmittel knapper und teurer wurden. Zeitungen berichteten dann von Hungersnöten auf dem Land, während in der Stadt das Brot knapp wurde.

Diese Krisenphasen machten deutlich, wie sehr der wirtschaftliche Erfolg von natürlichen Faktoren abhing. Jedes Mal suchte man technische Lösungen (z. B. Bewässerung, Impfungen), während ein Umdenken in der Landnutzung kaum stattfand.

Wachsende politische Debatte um eine gemeinsame Zukunft

Zwar sind wir im Kapitel zum Wirtschaftlichen und den Umweltfolgen, doch die Ergebnisse des wirtschaftlichen Booms legten einen Grundstein für spätere politische Diskussionen. Viele Kolonien sahen, dass sie ähnliche Probleme hatten, ob es nun um Dürren, Kaninchenplagen oder Eisenbahnen ging.

Interkoloniale Konferenzen: Man traf sich, um Zollfragen zu klären, Pläne für gemeinsam genutzte Flüsse zu entwerfen oder Post- und Telegrafendienste abzustimmen.

Ruf nach Kooperation: Einige Politiker und Unternehmer meinten, man solle die Zollschranken zwischen den Kolonien abbauen und koordiniert gegen Umweltprobleme wie Kaninchenplagen vorgehen.

Diese Gedanken trugen zur Föderationsidee bei, die wir im nächsten Kapitel (Kapitel 14) genauer beleuchten werden. Dort sehen wir, wie die Kolonien ihre Eigenständigkeit teilweise aufgaben, um einen gemeinsamen Bund zu formen, was wiederum Auswirkungen auf Wirtschaft und Umweltpolitik hatte.

Gegenstimmen und erste Ansätze von Umweltbewusstsein

Gegen Ende des 19. Jahrhunderts kam es vereinzelt zu Protesten gegen die massive Ausbeutung der Natur. Manche Farmer merkten, dass Bodenverdichtung, Versalzung und Erosion ihre Erträge gefährdeten. In Zeitungen erschienen Berichte über verschwundene Tierarten.

Vereine für Vogelschutz: Erste Vereine in Victoria oder New South Wales setzten sich beispielsweise für die Rettung des Lyrebird (Leierschwanz) ein, dessen Federn begehrt waren.

Lokale Initiativen: Hier und da forderten Bürger ein Ende der intensiven Rodungen an Flussufern, weil Überschwemmungen zunahmen.

Staatliche Reaktionen: Manchmal erließen die Kolonialparlamente Gesetze gegen rücksichtsloses Abholzen. Allerdings fehlten oft Kontrollen, sodass man die Gesetze umging.

Diese Ansätze kann man als Keimzelle eines späteren Umweltbewusstseins betrachten, das jedoch in unserem betrachteten Zeitraum (Ende 19. Jahrhundert) noch schwach ausgeprägt war.

Gesellschaftliche Spaltungen trotz Wirtschaftserfolg

Der wirtschaftliche Aufschwung brachte vielen Menschen bessere Lebensbedingungen, Schulen und Arbeitsplätze. Doch es gab weiterhin tiefe Spaltungen:

Armut in den Städten: Arbeitslosigkeit, schlechte Wohnverhältnisse und kaum soziale Absicherungen ließen manche Familien in Armut versinken, sobald ein Lohnempfänger krank oder verletzt wurde.

Fremdenfeindlichkeit: Asiatische Einwanderer, besonders Chinesen, sahen sich oft Diskriminierung ausgesetzt. Auch andere Gruppen, etwa aus Südeuropa, mussten Vorurteilen und Ablehnung begegnen.

Frauen: Obwohl sie langsam politische Rechte erkämpften (siehe Kapitel 12), waren sie in vielen Berufen ausgeschlossen oder erhielten geringere Löhne. Ihr Anteil am wirtschaftlichen Gewinn blieb gering.

Aborigines: Sie waren am meisten ausgeschlossen. Ihnen fehlten Landrechte, Bildungsangebote und politische Beteiligung.

Trotzdem blickten viele Optimisten in die Zukunft und hofften, dass Australien zu einer wohlhabenden, gerechten Gesellschaft heranreifen könnte, sofern man die richtigen politischen Maßnahmen ergriff.

Beispiele für Städte im Wandel: Melbourne und Sydney

Um den Aufschwung konkret zu illustrieren, lohnt ein kurzer Blick auf zwei große Städte, die ihren Charakter in dieser Phase stark veränderten:

Melbourne: Durch den Goldrausch und den anschließenden Handel entwickelte sich Melbourne zu einer Metropole mit repräsentativen Gebäuden, großen Einkaufsstraßen und einem für damalige Verhältnisse modernen Verkehrssystem (Straßenbahnen in den 1880er Jahren). Banken, Versicherungen und Handelsfirmen hatten hier ihren Sitz. Zugleich gab es in den Arbeitervierteln enge Gassen, schlechte Hygiene und Armutsquartiere.

Sydney: Älter als Melbourne, wuchs es ebenfalls durch Handel und Industrie. Der Hafen war Dreh- und Angelpunkt für Exporte. In den Außenbezirken entstanden Villenviertel für Wohlhabende, während im Bereich der Häfen und in den ärmeren Stadtteilen dicht gedrängte Holzhäuser standen.

In beiden Städten entstand ein pulsierendes kulturelles Leben mit Theatern, Zeitungsredaktionen, Sportclubs und Vereinen. Doch die Umweltfolgen in den umliegenden Gebieten (Rodungen, Flussbegradigungen, verschmutzte Häfen) wurden kaum beachtet.

KAPITEL 14: AUF DEM WEG ZU EINER FÖDERATION

Einleitung

Im vorigen Kapitel haben wir gesehen, wie die australischen Kolonien wirtschaftlich florierten, aber auch unter Umweltproblemen und sozialen Spannungen litten. Diese rasante Entwicklung ließ immer deutlicher werden, dass einige Aufgaben nur gemeinsam zu bewältigen wären: Zoll- und Handelshürden erschwerten den Verkehr zwischen den Kolonien, die Eisenbahnen hatten unterschiedliche Spurweiten, und es gab Bedenken wegen möglicher ausländischer Bedrohungen.

In diesem Kapitel geht es um den Weg der Kolonien zu einer Föderation, also einem Zusammenschluss, bei dem jede Kolonie weitgehend selbstständig bleibt, aber dennoch eine gemeinsame Regierung für übergeordnete Angelegenheiten entsteht. Wir werden erfahren, wie die Idee zur Gründung eines Bundesstaates Australien allmählich Form annahm, welche Politiker dafür eintraten und warum manchem Zeitgenossen die Föderation als mutiger Schritt in die Zukunft erschien.

Erste Ansätze: Interkoloniale Zusammenarbeit

Lange bevor die offizielle Föderationsbewegung begann, kooperierten die Kolonien auf bestimmten Feldern, wenn es sich nicht vermeiden ließ.

Post und Telegrafie: Um den Brief- und Warenverkehr zu erleichtern, traf man Absprachen über gemeinsame Tarife und

Knotenpunkte. Für Telegrafenleitungen brauchte man Durchgangsrechte über fremdes Kolonialgebiet.

Grenzüberschreitende Eisenbahnlinien: Zwar gab es unterschiedliche Spurweiten, doch zumindest bei der Streckenführung musste man sich abstimmen.

Zollabkommen: Wenn Waren an der Grenze verzollt werden mussten, verursachte das Ärger. Manche Kolonien versuchten, bilaterale Abkommen zu schließen, um den Handel zu erleichtern.

Diese Zusammenarbeit klappte mal besser, mal schlechter. Immer wieder flammten Streitigkeiten auf, da jede Kolonie ihre Einnahmen schützen wollte. In diesem Hin und Her reifte bei manchen Politikern die Erkenntnis, dass ein gemeinsamer Bund das Chaos beseitigen könnte.

Die Rolle Henry Parkes' („Vater der Föderation")

Henry Parkes war mehrmals Premier von New South Wales und einer der lautesten Fürsprecher der Föderationsidee. Er hielt 1889 eine berühmte Rede in Tenterfield, in der er die Kolonien zu enger Zusammenarbeit aufforderte.

Parkes' Argumentation betonte:

Gemeinsame Verteidigung: Er fürchtete, dass fremde Mächte (wie Russland oder Frankreich) die australischen Küsten bedrohen könnten, wenn die Kolonien nicht zusammenstünden.

Wirtschaftlicher Vorteil: Zollschranken zwischen den Kolonien schadeten dem Handel. Eine föderale Lösung würde einen Binnenmarkt schaffen.

Australisches Bewusstsein: In vielen Kolonien war bereits die zweite oder dritte Generation geboren, die sich als „Australier" fühlte. Parkes sah das als Chance, eine nationale Identität zu formen.

Obwohl Parkes wichtige Impulse setzte, stieß er nicht überall auf Begeisterung. Manche Kolonien hatten Angst, ihre Eigenständigkeit zu verlieren oder wirtschaftlich benachteiligt zu werden.

Konferenzen und Verfassungsentwürfe

Ab den 1880er Jahren trafen sich Vertreter der Kolonien zu mehreren Konferenzen, um über eine mögliche Föderation zu beraten.

Australasian Federation Conference (1890): Dieses Treffen in Melbourne diskutierte die Grundprinzipien eines föderalen Zusammenschlusses. Man einigte sich auf die Idee, weiterzumachen, jedoch ohne konkrete Beschlüsse zu verabschieden.

National Australasian Convention (1891): Hier entstand ein erster konkreter Verfassungsentwurf für einen australischen Bundesstaat. An diesem Entwurf arbeitete besonders Samuel Griffith aus Queensland. Der Text sah einen Parlamentarismus nach britischem Vorbild vor, aber auch Elemente aus dem US-System (z. B. einen Senat, in dem alle Staaten gleichermaßen vertreten wären).

Ablehnung und Rückschläge: Zwar war man auf dem Papier vorangekommen, doch in den Kolonien fand dieser Entwurf nicht überall Zustimmung. Wirtschaftskrisen in den 1890er Jahren führten zudem dazu, dass manche Kolonie sich auf ihre eigenen Probleme konzentrierte, statt das Föderationsprojekt zu fördern.

Erst nach und nach, als die wirtschaftliche Lage sich stabilisierte und der Druck wuchs (z. B. in Verteidigungsfragen), kehrte das Thema Föderation wieder auf die Tagesordnung zurück.

Gründe für den Wunsch nach Föderation

Neben Henry Parkes gab es zahlreiche Befürworter und verschiedene Beweggründe für eine Föderation. Die wichtigsten waren:

Freihandel: Viele Geschäftsleute wollten einen einheitlichen Binnenmarkt ohne Zollgrenzen.

Gemeinsame Außen- und Verteidigungspolitik: Ein einheitliches Militär und eine gemeinsame Stimme im Empire schienen vorteilhaft.

Nationale Identität: Schriftsteller und Zeitungen betonten immer häufiger das „Australisch-Sein". Menschen wollten ein starkes, geeintes Land.

Vermeidung von Doppelstrukturen: Statt in jeder Kolonie eigene Behörden für Post, Zoll und Einwanderung zu haben, könnte eine Bundesebene effizienter handeln.

Trotzdem gab es auch Gegner, die sich Sorgen machten, ihre Kolonie könnte steuerlich benachteiligt werden oder weniger Einfluss haben, wenn man alles zentral regle.

Die Gegner und ihre Argumente

Nicht alle Kolonien waren von Anfang an begeistert. So zeigte sich beispielsweise in Westaustralien (Western Australia) ein gewisses Misstrauen gegenüber dem Föderationsgedanken. Die Kolonie hatte erst spät an Wachstum gewonnen, befürchtete aber, von den östlichen Kolonien dominiert zu werden.

Hauptargumente der Gegner:

Verlust der Souveränität: Man wollte nicht, dass ein Bundesparlament in Melbourne oder Sydney über alle Belange entschied.

Wirtschaftliche Unterschiede: Kolonien mit starker Landwirtschaft (z. B. Victoria) sahen die Dinge anders als solche mit dominierendem Bergbau (z. B. Western Australia).

Entfernung und Transport: Gerade für entlegene Gebiete schien eine gemeinsame Regierung in einer weit entfernten Großstadt wenig attraktiv.

Trotzdem wurden viele Kritiker umgestimmt, als man Ausgleichssysteme vorschlug (z. B. der Senat, in dem kleinere Staaten genauso viele Vertreter haben wie größere).

Verfassungskonventionen der späten 1890er Jahre

Nach einigen Jahren der Krise und des Zögerns fand eine Reihe weiterer Konferenzen statt, um eine föderale Verfassung auszuarbeiten.

Convention von 1897–1898: Hier kamen gewählte Delegierte aus den Kolonien zusammen, um Artikel für Artikel der künftigen Verfassung zu diskutieren. Erneut wurden britische und amerikanische Vorbilder herangezogen. Man einigte sich schließlich auf ein Zweikammern-System: ein Repräsentantenhaus, bei dem die Bevölkerungszahl zählte, und einen Senat, in dem alle Kolonien (später: Bundesstaaten) gleich vertreten sein sollten.

Referenden: In den Jahren 1898 bis 1900 fanden in den Kolonien Volksabstimmungen statt. Die Bevölkerung sollte darüber entscheiden, ob sie dem Verfassungsentwurf zustimmte. Nicht immer lag die Zustimmung über dem erforderlichen Quorum, weshalb es in einigen Kolonien (z. B. New South Wales) Wiederholungsabstimmungen mit geänderten Bedingungen gab.

Dieser Prozess zog sich hin und war von vielen Debatten begleitet. Dennoch zeigte sich, dass die Mehrheit der Wählerinnen und Wähler (damals fast nur Männer) schließlich die Föderationsidee unterstützten, wenn auch knapp in manchen Gebieten.

Die Rolle Großbritanniens

Australien war weiterhin Teil des britischen Empire. Für eine Föderation benötigte man auch die Zustimmung des britischen Parlaments, das den Verfassungsentwurf prüfen musste.

Australien Bill: Letztendlich stimmte das britische Parlament zu und verabschiedete ein Gesetz, das die Gründung des Commonwealth of Australia erlaubte.

Rückhalt im Empire: Großbritannien hatte nichts gegen eine Föderation, solange diese die Loyalität zum Empire nicht in Frage stellte. Man hoffte sogar, ein geeintes Australien könne ein stärkerer Handelspartner und Verteidigungsposten im Pazifik sein.

Dennoch behielt sich die britische Krone theoretisch einige Vorrechte vor, etwa das Recht, Gesetze auszuhebeln. In der Praxis sollte sich aber zeigen, dass die Australier in vielen Bereichen weitgehend eigenständig agieren würden.

Aborigines im Verfassungsentwurf

Leider spielte die Frage nach den Rechten der Aborigines in den Föderationsverhandlungen kaum eine Rolle. Tatsächlich enthielt die neue Verfassung Passagen, die diese Bevölkerungsgruppe faktisch ausschlossen.

Kein Stimmrecht auf Bundesebene: In einigen Kolonien konnten Aborigines-Männer wählen, wenn sie gewisse Voraussetzungen erfüllten (z. B. in South Australia), doch auf Bundesebene blieb das sehr eingeschränkt.

„Aborigines zählen nicht": Ein Abschnitt der Verfassung besagte, dass Aborigines nicht in der Bundesvolkszählung erfasst werden sollten. Damit unterstrich man die Haltung, dass sie nicht zur „australischen" Bevölkerung gehörten.

Spätere Reformen: Erst deutlich später im 20. Jahrhundert rückte das Thema Aborigines-Rechte stärker ins Bewusstsein, was zu Reformen führte. Doch während der Föderationsdiskussion waren Aborigines-Interessen im Wesentlichen ausgeklammert.

Dies zeigt, dass die Föderation zwar ein Fortschritt in Sachen Demokratie war, jedoch erhebliche soziale und rassische Ungleichheiten fortsetzte.

Die letzten Hürden und der Kompromiss mit Western Australia

Ein besonders heikles Thema blieb Western Australia. Die Bevölkerung dort fürchtete, von den großen Staaten wie New South Wales und Victoria überstimmt zu werden.

Goldfunde in WA: Gerade als die Föderationsdiskussion lief, machte Western Australia eigene Goldfunde (z. B. bei Kalgoorlie) und erlebte einen Bevölkerungsboom. Viele Einwanderer kamen aus den östlichen Kolonien.

Volksabstimmung: Schließlich hielt Western Australia 1900 doch eine Abstimmung ab. Die Mehrheit stimmte für den Beitritt, auch weil man befürchtete, sonst isoliert zu sein.

Garantien: Man gab Western Australia Zusicherungen, dass der zukünftige Senat seine Interessen schützen würde und dass Förderungen für den Ausbau dieser riesigen, dünn besiedelten Kolonie möglich wären.

So fügte sich am Ende auch Western Australia in die Föderation ein, wenngleich mit gemischten Gefühlen.

Die Proklamation des Commonwealth of Australia

Am 1. Januar 1901 war es soweit: Die einzelnen Kolonien, nun Bundesstaaten genannt, bildeten offiziell den Commonwealth of Australia. Eine Feier in Sydney mit Paraden und Reden machte diesen historischen Moment deutlich.

Struktur: Der Commonwealth erhielt eine bundesweite Regierung mit einem Premierminister, Ministern und einem Parlament in zwei Kammern (Repräsentantenhaus und Senat). Der Generalgouverneur vertrat die britische Krone.

Bundesstaaten: Die bisherigen Kolonien wurden zu Bundesstaaten (New South Wales, Victoria, Queensland, South Australia, Western Australia und Tasmanien). Northern Territory war noch kein eigener Staat, sondern wurde erst später ausgegliedert.

Erste Bundesregierung: Edmund Barton wurde der erste Premierminister. Die Minister kamen überwiegend aus den bisherigen Eliten, die bereits in den Kolonialregierungen aktiv gewesen waren.

Damit begann ein neues Kapitel in der Geschichte Australiens.

Auswirkungen der Föderation auf Wirtschaft und Handel

Eines der Hauptziele der Föderation war die Beseitigung der Zölle zwischen den Bundesstaaten. Ab sofort konnten Waren frei durch das Land transportiert werden, was den Handel ankurbelte.

Binnenmarkt: Australische Produkte (Wolle, Getreide, Bergbauerzeugnisse) konnten nun leichter in andere Bundesstaaten gelangen, was den Produzenten zugutekam.

Gemeinsame Zollpolitik nach außen: Gegenüber anderen Ländern führte Australien nun einen einheitlichen Außenzoll ein. Man trat als Handelsnation auf, wodurch man auf dem Weltmarkt besser verhandeln konnte.

Großprojekte: Die Bundesregierung konnte sich an großen Infrastrukturprojekten beteiligen, etwa beim Bau von Fernbahnstrecken, Telegrafenverbindungen oder Wasserstraßenprojekten.

Dies sollte in den folgenden Jahren für weiteres Wachstum sorgen und half Australien, sich als eine vereinte Nation zu präsentieren.

Die neue Bundesregierung und innenpolitische Fragen

Mit der Föderation war ein neuer Gesetzgebungsprozess entstanden. Manche Aufgaben lagen nun beim Bund, andere verblieben bei den Bundesstaaten.

Zuständigkeiten des Bundes: Verteidigung, Außenpolitik, Einwanderung, Post und Telegrafie, Währung und Zoll fielen in den Zuständigkeitsbereich der Bundesregierung.

Aufgaben der Bundesstaaten: Bildung, Polizei, Gesundheitswesen, Land- und Wasserrechte blieben großteils bei den Bundesstaaten.

Dieses föderale System sollte lange Zeit Bestand haben und zu verschiedenen Spannungen führen, da mal der Bund und mal die Bundesstaaten mehr Einfluss wollten.

Rolle der Frauen in der Föderationsbewegung

Während der Verfassungsdiskussionen waren Frauen in offizieller Funktion kaum vertreten. Aber sie beteiligten sich mit Petitionen und öffentlichen Debatten. In South Australia und Western Australia hatten Frauen bereits Wahlrechte auf kolonialer Ebene, sodass auch Frauen an den Abstimmungen über die Föderation teilnehmen konnten.

Bundeswahlrecht 1902: Kurz nach der Gründung des Commonwealth verabschiedete das neue Parlament ein Gesetz, das Frauen (nicht jedoch Aborigines) auf Bundesebene das Wahlrecht gewährte. Damit war Australien ein Vorreiter in der Welt.

Einschränkungen: Dennoch galten rassistische Beschränkungen, die Aborigines und anderen Minderheiten das Wahlrecht verwehrten. Außerdem waren Frauen in der Politik weiterhin stark unterrepräsentiert.

Trotzdem bedeutete das föderale Frauenwahlrecht einen großen Meilenstein, der die Bedeutung der Föderation für die Gleichberechtigung unterstrich – zumindest für weiße Frauen.

Einwanderungspolitik und das „White Australia Policy"

Eines der ersten großen Gesetzeswerke des neuen Bundesparlaments war die „Immigration Restriction Bill" von 1901, die später unter dem Begriff „White Australia Policy" bekannt wurde.

Ziel: Man wollte die Einwanderung farbiger und besonders asiatischer Menschen stark einschränken. Tests (z. B. Diktate) sollten potenzielle Migranten aus Asien abschrecken.

Hintergrund: Es herrschte eine verbreitete rassistische Einstellung, man wolle das Land „weißen Briten" vorbehalten. Die chinesischen und anderen asiatischen Bevölkerungsgruppen, die bereits in Australien lebten, wurden stark diskriminiert.

Folgen: Diese Politik prägte Australien jahrzehntelang und wirkte sich negativ auf das Zusammenleben unterschiedlicher Volksgruppen aus.

So zeigte sich, dass die Föderation zwar wirtschaftliche und demokratische Fortschritte brachte, jedoch gleichzeitig rassistische Tendenzen verstärkte, indem sie sie in Bundesgesetze goss.

Die Hauptstadtfrage: Sydney oder Melbourne – oder etwas Neues?

Nach der Föderation brauchte das Commonwealth eine Hauptstadt. Sydney und Melbourne waren die größten Städte, doch beide rivalisierten.

Übergangslösung: Vorerst tagte das Bundesparlament in Melbourne. New South Wales bestand jedoch darauf, dass die Hauptstadt in seinem Staatsgebiet errichtet werden solle. So einigte man sich auf einen Kompromiss: Man suchte ein Gebiet in New South Wales, das aber mindestens 100 Meilen von Sydney entfernt sein sollte.

Gründung von Canberra: Dieses unbewohnte Gebiet – damals Weide- und Buschland – wurde später zur Hauptstadt Canberra ausgebaut. Der Bau begann zwar erst später (ab 1913), doch die Entscheidung fiel schon in den frühen Jahren nach der Föderation.

Kompromisscharakter: Canberra sollte „neutral" sein und keinen der großen Städte den Vorzug geben. So versuchte man, den Dauerkonflikt Sydney vs. Melbourne zu befrieden.

Dadurch erhielt Australien später eine eigens geplante Hauptstadt, was ebenfalls ein Ergebnis der föderalen Kompromisssuche war.

Erste Regierungspolitik: Einheit in Vielfalt

Die frühe Bundesregierung war bestrebt, den Zusammenhalt zu stärken. Man förderte Eisenbahnlinien zwischen den Staaten, vereinheitlichte Post- und Telegrafendienste und begann, ein gemeinsames Verteidigungssystem aufzubauen.

Gründung der Australischen Marine: Sie entstand aus den Seestreitkräften der Bundesstaaten. Das sollte Australien auch ohne britische Kriegsschiffe verteidigen können.

Gemeinsame Vertretung im Empire: Man wollte im britischen Empire als einheitliche Stimme auftreten. Tatsächlich wurde Australien zu einer Art Dominion mit größerer Eigenständigkeit.

Symbolpolitik: Flaggen, Nationalfeiertage und andere Symbole gewannen an Bedeutung. Wenn auch die Flagge weiter den Union

Jack enthielt, gab es doch patriotische Lieder und Festakte, in denen der australische Charakter betont wurde.

Diese Einigkeit bedeutete nicht, dass alle Konflikte verschwanden. Bund und Länder stritten weiter um Kompetenzen, und auch innenpolitisch gab es genug Themen (z. B. die Frage der Zolltarife, Arbeiterrechte, das Frauenwahlrecht in einzelnen Bundesstaaten).

Wirtschaftliche Entwicklung unter dem Commonwealth

Mit dem Wegfall der Binnengrenzen nahm der Handel zwischen den Bundesstaaten zu, und viele Unternehmen profitierten. Australien begann, sich als eine Einheit auf dem Weltmarkt zu präsentieren.

Export von Agrarprodukten: Wolle und Weizen blieben weiterhin dominierend.

Bergbau: Der Abbau von Gold, Silber und anderen Metallen wurde nun stärker koordiniert.

Industrie: Erste Versuche, eine nationale Industriepolitik zu betreiben, führten zu Debatten über Schutzzölle. Manche Unternehmen wollten Zölle auf ausländische Produkte, um die heimische Produktion zu schützen.

Die Menschen hofften, dass Australien dank gemeinsamer Anstrengungen noch mehr Wohlstand erreichen könnte.

Einfluss auf die Umwelt- und Aborigines-Politik

Die Föderation hatte auch Folgen für Umwelt- und Aborigines-Fragen. Zwar blieben Land- und Wasserrechte größtenteils bei den Bundesstaaten, aber auf Bundesebene konnte man nun zumindest manche Themen gemeinsam regeln.

Umweltgesetze: Vorerst gab es kein umfassendes Umweltgesetz auf Bundesebene. Man konzentrierte sich mehr auf wirtschaftliche Aspekte.

Aborigines-Politik: Der Bund überließ die Hauptverantwortung weiter den Bundesstaaten. Somit änderte sich wenig an der benachteiligten Lage der Aborigines. Im Gegenteil, der Verfassungstext grenzte sie sogar aus (siehe oben).

Erst viel später sollten sich hier grundlegendere Reformen durchsetzen.

Aufnahme neuer Territorien: Northern Territory und andere

Als das Commonwealth entstand, war das Northern Territory noch Teil von South Australia. 1911 übernahm der Bund es als eigenes Territorium. Auch Gebiete in Zentralaustralien oder in Pazifikregionen kamen nach und nach unter föderale Kontrolle.

Dadurch wuchs das Staatsgebiet, das direkt vom Bund regiert wurde, während der Rest in den Händen der Bundesstaaten blieb. Das Northern Territory blieb lange Zeit politisch schwächer gestellt, da es erst später ein eigenes Parlament erhielt.

KAPITEL 15: GRÜNDUNG DES AUSTRALISCHEN BUNDES UND ERSTE JAHRE

Einleitung

Nach Jahrzehnten intensiver Diskussionen, Konferenzen und Volksabstimmungen war es schließlich so weit: Am 1. Januar 1901 wurde aus den bisher eigenständigen Kolonien offiziell der Australische Bund (Commonwealth of Australia). Damit endete das Kapitel der Kolonialgeschichte Australiens, und ein neues begann. Die Kolonien wurden zu Bundesstaaten, eine nationale Regierung entstand, und Australien trat als zusammenhängende Einheit in die Welt.

In diesem Kapitel schauen wir uns an, wie genau die Gründung des Bundes verlief und wer die treibenden Kräfte dahinter waren. Wir werfen einen Blick auf die ersten Jahre des jungen Commonwealth: Welche Gesetze wurden verabschiedet? Welche Hoffnungen und Ängste bewegten die Menschen? Wie gestaltete sich das Verhältnis zu Großbritannien, und was änderte sich (oder änderte sich auch nicht) für große Teile der Bevölkerung?

Außerdem betrachten wir, wie das frisch gegründete Australien auf die internationale Bühne trat. Wir werden sehen, dass trotz aller Aufbruchstimmung die neue Verfassung auch viele Menschen ausschloss, darunter die Aborigines und nicht-weiße Einwanderer. So beleuchtet dieses Kapitel die Hoffnungen und Herausforderungen einer jungen Nation, die sich nun zum ersten Mal als geeinter Staat definierte.

Der Weg zur Proklamation

Lange Zeit hatten sich die Kolonien gegenseitig eher als Konkurrenten denn als Partner betrachtet. Rivalitäten um Zölle, Handel und Einwanderung bestimmten den Alltag. Erst in den späten 1880er Jahren regte sich ernsthaft der Wille, einen bundesweiten Zusammenschluss zu schaffen (siehe Kapitel 14).

Hauptgründe für den Anschluss an die Föderation

Die Einsicht, dass gemeinsame Verteidigung und Außenpolitik für die gesamte Region sinnvoller waren.

Die Hoffnung, Zölle zwischen den bisherigen Kolonien abzuschaffen und so einen Binnenmarkt zu schaffen.

Ein wachsendes nationales Gefühl: Menschen, die in Australien geboren waren, begriffen sich zunehmend als „Australier", nicht mehr als Bürger ihrer jeweiligen Kolonie.

1889 hielt Henry Parkes (oft als „Vater der Föderation" bezeichnet) seine berühmte Rede in Tenterfield, in der er dafür warb, die Kolonien zu vereinen. Es folgten Verfassungskonferenzen, Abstimmungen in den Kolonien sowie schließlich die Zustimmung des britischen Parlaments.

Die letzten Schritte zur Einigung

Trotz dieser Bewegungen war die Einigung kein Selbstläufer. Einige Kolonien – insbesondere Western Australia – zögerten, weil sie Vorteile in ihrer Selbstständigkeit sahen oder befürchteten, von den größeren und mächtigeren Staaten (New South Wales, Victoria) überstimmt zu werden.

Um sie zu gewinnen, entwickelte man verschiedene Kompromisse:

Zweikammer-System: Ein Repräsentantenhaus mit Vertretung nach Bevölkerungszahl; ein Senat, in dem alle Staaten gleich viele Sitze erhielten. Das sollte kleine Staaten schützen.

Machtaufteilung: Die einzelnen Staaten behielten viele ihrer Rechte, zum Beispiel in Bildung, Gesundheit und Polizei. Der Bund übernahm Außenpolitik, Verteidigung, Zoll, Währung und Postwesen.

Die Menschen in den Kolonien konnten in Referenden über den Verfassungsentwurf abstimmen. Wo es zu geringe Zustimmungsraten gab, wurden Wiederholungen angesetzt und weitere Anpassungen in die Verfassung eingearbeitet. Schließlich waren (fast) alle mit dem Verhandlungsergebnis zufrieden genug, um zuzustimmen.

Ein Festakt im Jahr 1901 – Der Commonwealth entsteht

Am 1. Januar 1901 war der Tag gekommen: Die Kolonien wurden offiziell zu Bundesstaaten des Commonwealth of Australia. In Sydney gab es einen großen Festzug: Militärkapellen spielten, Soldaten marschierten, und viele Menschen jubelten. Damen in langen Kleidern und Hüten säumten die Straßen, Herren trugen dunkle Anzüge oder Uniformen.

Die Rolle des Generalgouverneurs

An diesem Tag wurde auch der erste Generalgouverneur Australiens vereidigt. Er vertrat die britische Krone.

Die Position des Generalgouverneurs hatte theoretisch weitreichende Befugnisse, wie das Recht, Gesetze abzulehnen. In der Praxis war seine Funktion aber meist repräsentativ.

Erster Premierminister

Edmund Barton aus New South Wales wurde der erste Premierminister des Commonwealth. Er hatte sich bereits als einer der führenden Köpfe in den Föderationsdebatten ausgezeichnet.

Die Atmosphäre war festlich und stolz. Gleichzeitig blieben viele Aufgaben offen. Zum Beispiel musste entschieden werden, wo das Bundesparlament dauerhaft tagen sollte, welche Gesetze sofort reformiert würden und wie die Beziehungen zu Großbritannien künftig aussehen sollten.

Die neue Verfassung – Hauptpunkte und Struktur

Die Verfassung, die in langen Verhandlungen entstanden war, war stark vom britischen System geprägt. Trotzdem gab es auch Elemente, die an die USA erinnerten.

Zweikammer-Parlament:

Das *Repräsentantenhaus* wurde nach Bevölkerungszahl besetzt; so hatte New South Wales als bevölkerungsreichster Staat mehr Sitze als etwa Tasmania.

Der *Senat* gab jedem Staat dieselbe Anzahl von Abgeordneten (damals sechs pro Staat), um ein Machtgleichgewicht zu schaffen.

Regierung und Premierminister: Aus der Mehrheit des Repräsentantenhauses wurde eine Regierung gebildet, an deren Spitze der Premierminister stand.

Gerichtswesen: Ein oberster Gerichtshof (High Court of Australia) sollte über die Auslegung der Verfassung wachen und Streitfälle zwischen Bund und Bundesstaaten klären.

Das britische Parlament behielt das formale Recht, australische Gesetze zu beeinflussen, nutzte dies in der Praxis jedoch nur selten. Australien blieb ein Teil des britischen Empire, mit dem Monarchen als Staatsoberhaupt.

Erfolge in den ersten Jahren

Eines der ersten Ziele des neuen Bundes war, die Zölle zwischen den Bundesstaaten abzuschaffen. Das trat relativ zügig in Kraft und belebte den Handel. Bauern konnten ihre Ware frei innerhalb Australiens verkaufen, und auch für Industrieprodukte fielen die bisherigen Grenzkontrollen weg.

Gemeinsame Zollpolitik: Gegenüber dem Ausland führte Australien einheitliche Einfuhrzölle ein. So zeigte man ein geschlossenes Auftreten, wenn man mit anderen Nationen handelte.

Außen- und Verteidigungspolitik: Obwohl Großbritannien offiziell noch das letzte Wort in Außenfragen hatte, trat Australien im Empire selbstbewusster auf. Es begann, eigene Militäreinheiten zu koordinieren und eine Australische Marine aufzubauen.

In den Zeitungen jener Jahre liest man viel Optimismus. Viele Leute waren stolz, „Australier" zu sein und hofften, das Land werde nun stärker und angesehener werden.

White Australia Policy

Sehr bald nach der Gründung des Commonwealth verabschiedete das neue Parlament Gesetze, die die Einwanderung aus nicht-weißen Ländern stark einschränkten. Der Begriff „White Australia Policy" fasst diese Politik zusammen.

Immigration Restriction Act (1901): Durch Sprachtests, die in jeder beliebigen europäischen Sprache erfolgen konnten, sollten asiatische und andere nicht-weiße Migranten abgeschreckt werden.

Rassistische Grundhaltung: Der Wunsch nach einer „weißen" Nation führte dazu, dass bereits ansässige chinesische oder melanesische Gemeinschaften entrechtet wurden.

Auswirkungen: Über viele Jahrzehnte blieben Zuwanderer aus Asien fast ausgeschlossen. Das prägte das Selbstbild Australiens im Sinne einer vermeintlich „britischen" Nation.

Diese Politik stand im krassen Gegensatz zu den fortschrittlichen Schritten, die das junge Commonwealth an anderer Stelle unternahm (etwa beim Frauenwahlrecht). Gleichzeitig zeigt sie, wie stark rassistische Vorstellungen in der Gesellschaft verankert waren.

Frauenwahlrecht

Auf Bundesebene konnte das neugegründete Australien einen Meilenstein in puncto Frauenrechte setzen. Schon 1902 wurde ein Gesetz verabschiedet, das Frauen das Wahlrecht und das Recht, ins Parlament gewählt zu werden, gewährte.

Vorbild South Australia: In der Kolonie South Australia (heute Bundesstaat) hatten Frauen schon seit 1894 wählen und kandidieren dürfen. Diese Erfahrung erleichterte den Schritt zum bundesweiten Frauenwahlrecht.

Ausnahmen: Aborigines-Frauen und Frauen nicht-weißer Herkunft wurden weiter diskriminiert und praktisch vom Wahlrecht ausgeschlossen. Es galt für sie nur, wenn sie in ihrem Bundesstaat bereits vor 1901 Wahlrechte besessen hatten – was auf fast keine Aborigine-Person zutraf.

Dennoch war Australien im internationalen Vergleich fortschrittlich, was das Wahlrecht für weiße Frauen anging.

Die Hauptstadtfrage

Das frisch gegründete Australien benötigte einen Sitz für das Parlament. Sydney war die älteste und größte Stadt, Melbourne aber eine mächtige Handelsmetropole und hatte sich als Zentrum der Finanzwelt etabliert. Keine der beiden wollte den Vorzug an die andere abgeben.

Übergangsregelung

Man einigte sich, dass das Bundesparlament vorübergehend in Melbourne tagen sollte, bis eine dauerhafte Lösung gefunden wäre.

Zugleich beschloss man, dass diese neue Hauptstadt in New South Wales liegen, aber mindestens 100 Meilen von Sydney entfernt sein müsse.

Das Ergebnis war die Suche nach einem geeigneten Ort, aus der schließlich Canberra hervorging (siehe Kapitel 14). Ab 1908 begann man mit Planungen, und 1913 erfolgte die offizielle Grundsteinlegung.

Die ersten Bundesregierungskrisen und Parteibildung

In den Anfängen wechselten die Regierungen häufig. Es gab keine eingespielten Parteien wie heute. Stattdessen bildeten sich lose Bündnisse: auf der einen Seite eher konservative Gruppen (Protektionisten, Freihändler), auf der anderen Seite die wachsende Arbeiterbewegung (Australian Labor Party).

Schafscherer-Streik von 1891 und Folgewirkungen: Die Arbeiterbewegung war in den 1890er Jahren stark geworden, nachdem mehrere Arbeitskämpfe (Streiks) gezeigt hatten, wie wenig Rechte Beschäftigte hatten. Aus dieser Bewegung entstand eine politische Partei, die sich für soziale Reformen und bessere Arbeitsbedingungen einsetzte.

Wahlkämpfe: Da jetzt Millionen Australier (zumindest die weißen Männer und einige weiße Frauen) wählen konnten, begannen intensive Wahlkampagnen. Zeitungen spielten eine große Rolle bei der Beeinflussung der öffentlichen Meinung.

Die frühen Regierungen mussten immer wieder Kompromisse eingehen, weil es noch keine klaren Mehrheitsverhältnisse gab und die Konstellationen sich rasch änderten.

Verhältnis zu Großbritannien

Australien blieb ein Teil des britischen Empire. Die meisten Menschen waren stolz auf ihre britische Herkunft und fühlten sich dem König oder der Königin gegenüber loyal. Trotzdem wuchs der Wunsch nach Selbstbestimmung.

Der Monarch: Das Staatsoberhaupt blieb der britische Monarch, vertreten durch den Generalgouverneur in Australien.

Imperiale Konferenzen: Australische Regierungsmitglieder nahmen an Treffen mit anderen Teilen des Empire (Kanada, Neuseeland, Südafrika) teil, um Fragen von Handel und Verteidigung zu erörtern.

Eigenständiger Außenauftritt: Australien begann, Handelsabkommen unter dem Namen „Commonwealth of Australia" zu schließen. Trotzdem waren die Außenbeziehungen eng mit London abgestimmt.

Diese enge Bindung sollte sich später im Ersten Weltkrieg deutlich zeigen, als Australien ohne Zögern Truppen zur Unterstützung Großbritanniens entsandte (Kapitel 16).

Die Stellung der Aborigines im neuen Commonwealth

Leider blieb die Situation der Aborigines weiterhin äußerst schwierig. Die Verfassung von 1901 erwähnte sie praktisch nur in Ausgrenzung.

Zensus-Ausschluss: Sie wurden nicht in den Bevölkerungsstatistiken des Bundes berücksichtigt.

Bundesstaatliche Verantwortung: Man verwies auf die einzelnen Bundesstaaten, die jeweils eigene Gesetze hatten. Die meisten dieser Regelungen benachteiligten oder entrechteten Aborigines stark (etwa durch die Kontrolle über ihren Wohnort, Heiratsgenehmigungen, Vormundschaftssysteme).

Proteste und mangelndes Gehör: Einzelne Aborigines-Gruppen versuchten, Protestschreiben an die Bundesregierung zu schicken, erhielten aber kaum Rückmeldung.

Dieser Zustand sollte bis weit ins 20. Jahrhundert anhalten. Erst 1967 kam es zu einer Verfassungsänderung, die Aborigines offiziell in die Bundesgesetzgebung einbezog.

Wirtschaftliche Entwicklung nach der Föderation

Der Zusammenschluss zu einem Bundesstaat belebte die Binnenwirtschaft. Die Abschaffung von Zöllen zwischen den Staaten wirkte wie ein Motor. Unternehmen konnten leichter expandieren, der Austausch von Rohstoffen und Fertigwaren nahm zu.

Agrar- und Bergbauboom: Wolle, Weizen, Bodenschätze – all das blieb wichtig für den Export. Australien schrieb Exportüberschüsse, besonders nach Großbritannien.

Eisenbahnbau: Zwar hatte jeder Staat seine Spurweite, aber man plante mehr Verbindungen über die Grenzen hinweg. Die Regierung in Canberra unterstützte zum Teil große Projekte, um das Land weiter zu erschließen.

Finanzen und Banken: Zusammen mit dem Wegfall der Binnenschranken entwickelte sich ein einheitlicher Markt für Geld und Kredit. Eine eigene Währung, das australische Pfund, wurde zwar eingeführt, blieb aber vom Wert her lange an das britische Pfund gekoppelt.

Bis zum Ersten Weltkrieg wuchs Australien daher relativ stabil, wenn auch nicht ohne regionale Unterschiede.

Gesellschaftliche und kulturelle Veränderungen

Die neue nationalstaatliche Identität zeigte sich auch im Alltagsleben:

Nationalsymbole: Flaggen, Patriotische Feiertage, Lieder und später auch Anfänge einer nationalen Literatur und Kunst gewannen an Bedeutung.

Sport: Kricket, Rugby, Australian Rules Football – Sportarten, die sich als „australisch" empfanden, wurden noch populärer und galten als Teil der Nationalkultur.

Zeitungen und Vereine: Die Presse spielte eine große Rolle, um nationale Themen zu verbreiten. Gesellschaften für Literatur, Musik oder Geografie entstanden.

All das stärkte das Zusammengehörigkeitsgefühl, wenn auch in erster Linie unter den weißen Siedlern. Für Aborigines und andere Minderheiten war die Teilhabe an dieser nationalen Gemeinschaft stark eingeschränkt.

Umweltpolitik im frühen Commonwealth

Das Commonwealth war hauptsächlich mit Wirtschaftsthemen, Einwanderung und Verteidigung befasst. Umweltfragen landeten eher am Rand. Die Bundesstaaten behielten zudem die Hoheit über Land- und Wasserrechte.

Kaninchen- und Fuchsplagen: Manche Farmer wünschten sich bundesweite Maßnahmen gegen diese „Schädlinge". Doch jeder Staat regierte anders. Der Bund mischte sich nur wenig ein.

Rodungen: Die intensive Landnutzung ging ungebremst weiter. Naturschutz kam höchstens in Form kleiner Schutzreservate.

Einzelne Initiativen: Hier und da gab es Vereine und Fachleute, die an die Regierung herantraten und vor Erosion oder Überweidung warnten. Aber von einer umfassenden Umweltpolitik war man weit entfernt.

Somit setzte sich der Trend aus der Kolonialzeit fort: Natur galt vorwiegend als Ressource, nicht als schützenswertes Gut.

Erfolge und Probleme der jungen Nation

Die Gründung des Commonwealth war zweifellos ein Meilenstein. Australien hatte nun eine nationale Regierung, die Rede war von einem neuen Zeitalter. Doch es blieben ungelöste Fragen:

Armut und soziale Ungleichheit: Trotz einer insgesamt guten wirtschaftlichen Lage gab es in Städten Elendsviertel. Arbeiter kämpften um Lohn und kürzere Arbeitszeiten.

Frauenrechte: Zwar gab es das Wahlrecht, aber kaum Frauen saßen im Parlament oder hatten Führungspositionen. Im Alltag mussten sie weiter um Anerkennung ringen.

Rassismus: Die White Australia Policy war eine offizielle Staatsdoktrin, die viele Menschen ausschloss. Gleichzeitig litten Aborigines unter Ignoranz und Unterdrückung.

Beziehung zu Großbritannien: Man war stolz auf die Eigenständigkeit, blieb aber eng verflochten mit dem Empire. Viele Australier sahen sich als Teil einer britischen Gemeinschaft.

Insgesamt herrschte jedoch eine positive Stimmung, dass Australien zusammen mit Großbritannien und anderen dominions wie Kanada, Neuseeland und Südafrika in der Welt eine Rolle spielen könnte.

Zukunftspläne – Verteidigung, Wirtschaft, Bevölkerung

Schon in den ersten Jahren nach 1901 planten die Verantwortlichen in Canberra eine stärkere Bevölkerungsentwicklung. „Populate or perish" (sinngemäß: „bevölkern oder untergehen") war ein oft gehörter Spruch.

Einwanderungsförderung: Menschen aus Großbritannien sollten gezielt angeworben werden, um das Land zu besiedeln und eine noch stabilere Wirtschaft zu schaffen.

Verteidigungsfragen: Man befürchtete einen Konflikt mit anderen Mächten (z. B. Russland oder Japan). Der Aufbau einer australischen Marine und die Koordination mit der britischen Flotte standen im Fokus.

Große Infrastrukturprojekte: Es gab Ideen, das Eisenbahnnetz zu vereinheitlichen, den Wasserhaushalt im Murray-Darling-Becken besser zu regeln und neue Hafenanlagen zu bauen.

All diese Pläne waren ambitioniert. Man hoffte, durch gemeinsames Handeln das große Potenzial des Kontinents auszuschöpfen.

KAPITEL 16: AUSTRALIEN IM ERSTEN WELTKRIEG

Einleitung

Nur wenige Jahre nach der Gründung des Australischen Bundes (1901) sah sich Australien mit einem weltweiten Konflikt konfrontiert: dem Ersten Weltkrieg (1914–1918). Obwohl das Land noch eine junge Nation war, gehörte es als Teil des britischen Empire automatisch zu den Kriegsparteien. Die Nachricht vom Kriegsausbruch löste in vielen Australiern eine Mischung aus Begeisterung und Pflichtgefühl aus. Eine große Zahl Freiwilliger meldete sich, um für „King and Country" zu kämpfen.

In diesem Kapitel betrachten wir, wie Australien in den Ersten Weltkrieg eintrat und welche Rolle die australischen Truppen spielten. Wir beleuchten die Ereignisse an der Front, aber auch die Situation in der Heimat. Dabei werden Themen wie Rekrutierung, Propaganda, Wirtschaft und die Stellung verschiedener Bevölkerungsgruppen angesprochen. Am Ende des Kapitels werfen wir einen Blick darauf, wie sich die Erfahrungen des Krieges dauerhaft in das Bewusstsein der jungen Nation einprägten und die Gesellschaft veränderten.

Der Weg in den Krieg

Als im August 1914 der Krieg zwischen den europäischen Großmächten ausbrach, erfolgte der Eintritt Australiens in den Konflikt automatisch. Das lag daran, dass Australien immer noch Teil des britischen Empire war und die Außenpolitik letztlich von London bestimmt wurde.

- **Kriegserklärung**: Am 4. August 1914 erklärte Großbritannien dem Deutschen Reich den Krieg. Damit befand sich auch Australien im Kriegszustand.

- **Reaktionen in Australien**: Die meisten politischen Führungspersonen sahen es als selbstverständlich an, Großbritannien zu unterstützen. Premierminister Joseph Cook (und kurz darauf Andrew Fisher) versprachen Hilfe „bis zum letzten Mann und zum letzten Schilling".

In der Bevölkerung herrschte zu Beginn eine große Kriegsbegeisterung. Viele Australier fühlten sich mit dem Mutterland eng verbunden. Zeitungen druckten patriotische Parolen, und Rekrutierungsbüros wurden von Freiwilligen regelrecht überrannt.

Aufbau des Australian Imperial Force (AIF)

Um am Krieg teilzunehmen, stellte Australien eigene Streitkräfte auf. Diese Einheiten wurden als **Australian Imperial Force (AIF)** bezeichnet.

Freiwillige: Anders als in manchen anderen Ländern, wo es schnell eine Wehrpflicht gab, verließ sich Australien zunächst auf Freiwillige. Das war auch ein politischer Beschluss: Man wollte der Welt zeigen, dass Australier aus Überzeugung für das Empire kämpften.

Training und Ausrüstung: Viele Rekruten hatten nur wenig militärische Erfahrung. Sie durchliefen ein Grundtraining in australischen Lagern, bevor sie nach Ägypten und später an die Front gebracht wurden. Die Ausrüstung wurde teils selbst produziert, teils durch britische Lieferungen ergänzt.

Kommandostrukturen: Offiziere kamen zum Teil aus den Reihen der kleinen Berufsarmee, die Australien vor dem Krieg hatte. Andere stiegen schnell auf, nachdem sie gezeigt hatten, dass sie im Umgang mit Mannschaften und im Gefecht fähig waren.

Schon in den ersten Monaten meldeten sich Zehntausende Männer. Die anfängliche Kriegsromantik und der Drang nach Abenteuer spielten dabei eine große Rolle.

Der Einsatz in Neuguinea und im Pazifik

Obwohl der Hauptkriegsschauplatz später in Europa und Nahost lag, engagierte sich Australien direkt nach Kriegsbeginn in seiner nahen Region:

Besetzung deutscher Kolonien: Das Deutsche Reich besaß im Pazifik einige Kolonialgebiete, etwa in Neuguinea. Australien schickte schnell eine Expedition, um diese zu besetzen.

Schnelle Erfolge: Schon im September 1914 erreichten australische Truppen Rabaul (auf der Insel Neubritannien) und erklärten das Gebiet zur australischen Militärverwaltung. Dadurch verhinderte man mögliche Bedrohungen durch die kaiserliche deutsche Marine in den Kolonien.

Dieser Einsatz verlief relativ zügig und ohne große Verluste. Er verschaffte den australischen Truppen ein erstes Erfolgserlebnis und festigte das Gefühl, einen Beitrag zum Empire zu leisten.

Die Gallipoli-Kampagne und der ANZAC-Mythos

Eines der bekanntesten Kapitel australischer Kriegsgeschichte im Ersten Weltkrieg ist die **Gallipoli-Kampagne** (auch Dardanellen-Kampagne) an der türkischen Küste. Dort kämpften australische und neuseeländische Truppen (zusammen als „ANZAC"

= Australian and New Zealand Army Corps) im Jahr 1915 gegen das Osmanische Reich, das Verbündeter Deutschlands war.

Ankunft in Gallipoli: Am 25. April 1915 landeten die ANZAC-Truppen unter schwierigen Bedingungen an einer felsigen Küste (ANZAC Cove). Die Idee war, die türkischen Stellungen schnell zu überwinden, die Meerengen zu kontrollieren und somit den Kriegsverlauf zu beeinflussen.

Schwere Verluste: Doch der Plan scheiterte. Die türkischen Verteidiger waren gut vorbereitet, das Terrain war unübersichtlich, und die Alliierten hatten keine genauen Landkarten. Es kam zu verlustreichen Grabenkämpfen, die sich monatelang hinzogen.

Rückzug: Im Dezember 1915 zogen sich die Alliierten heimlich zurück. Die Operation war militärisch gesehen ein Misserfolg, forderte aber hohe Opfer. Unter den Gefallenen waren viele Australier, aber auch viele Neuseeländer und Briten.

Trotz dieser Niederlage wurde die **Gallipoli-Kampagne** in Australien zu einem Gründungsmythos. Der 25. April, der Tag der Landung, wurde als **ANZAC Day** zum nationalen Gedenktag für die gefallenen Soldaten. An der Härte des Kampfes und der angeblichen „Tapferkeit" und „Kameradschaft" der ANZACs knüpfte sich ein Gefühl nationalen Stolzes.

Australische Truppen an der Westfront und im Nahen Osten

Nach dem Scheitern in Gallipoli wurden australische Einheiten hauptsächlich an zwei weiteren Kriegsschauplätzen eingesetzt:

Westfront (Frankreich und Belgien): Viele australische Divisionen kämpften ab 1916 in den Schützengräben Europas. Sie erlebten dort heftige Stellungskriege, Gaskämpfe und große Schlachten wie in

Fromelles, Pozières oder später in Villers-Bretonneux. Die Bedingungen waren entsetzlich: Schlamm, Kälte, ständig Artilleriebeschuss. Tausende Australier ließen dort ihr Leben, noch mehr kehrten verwundet oder traumatisiert zurück.

Naher Osten (Sinai und Palästina): Die Australian Light Horse (berittene Infanterie) und andere Truppen kämpften gegen das Osmanische Reich in Wüstengebieten. Dort waren extreme Hitze und Wassermangel Herausforderungen. Dennoch gelang es, Städte wie Jerusalem unter alliierte Kontrolle zu bringen.

Auch in diesen Einsätzen zeigte sich, dass Australier zusammen mit Neuseeländern oft in gemeinsamen Einheiten (ANZAC Corps) agierten oder neben britischen Einheiten kämpften. Die Verluste waren hoch, doch der Glaube an die Richtigkeit der Sache hielt lange an.

Heimatfront: Wirtschaft und Gesellschaft unter Kriegsdruck

Während Zehntausende Männer an die Front zogen, veränderte sich das Leben in Australien.

Wirtschaftliche Umstellung: Die Industrie produzierte mehr kriegswichtige Güter, etwa Munition, Uniformen oder Nahrungsmittel für die Truppen. Die Agrarproduktion blieb wichtig, um Großbritannien zu versorgen. Frauen übernahmen teilweise Arbeitsplätze, die zuvor von Männern besetzt waren.

Propaganda und Kriegsanleihen: Die Regierung warb intensiv für den Kauf von Kriegsanleihen, um den Krieg zu finanzieren. Plakate mit patriotischen Botschaften riefen die Bevölkerung auf, Geld zu geben oder sich freiwillig zu melden.

Kontrolle der Medien: Zeitungen und Telegramme wurden überwacht, um kritische Stimmen zu dämpfen. Zensur verhinderte die Verbreitung von Berichten über hohe Verluste oder schlechte Frontbedingungen.

Der Alltag war geprägt von rationierten Gütern, Sammelaktionen und dem Bemühen, die Moral hochzuhalten. Gleichwohl begannen manche, angesichts der immensen Verluste an der Front zu zweifeln.

Wehrpflichtdebatte: Tiefe Spaltung in der Gesellschaft

Zu Beginn des Krieges hatte Australien keine Wehrpflicht, sondern verließ sich auf Freiwillige. Als jedoch die Verluste stiegen und weniger Männer sich meldeten, stellte der damalige Premierminister Billy Hughes die Frage nach einer **Wehrpflicht**.

Volksabstimmungen: In den Jahren 1916 und 1917 hielt man zwei Volksabstimmungen (Referenden) ab. Billy Hughes wollte erreichen, dass alle wehrfähigen Männer zum Dienst eingezogen werden könnten. Beide Male wurde der Vorschlag knapp abgelehnt.

Gründe für die Ablehnung: Viele Arbeiter und vor allem die Katholiken (oft irischer Herkunft) lehnten die Wehrpflicht ab. Sie sahen darin einen Eingriff in die persönliche Freiheit und fürchteten, dass Arbeiter und arme Leute als „Kanonenfutter" genutzt würden. Auch manche Frauenorganisationen waren dagegen.

Folgen: Die Debatte spaltete die australische Gesellschaft. Sogar die Labour Party zerbrach daran. Premierminister Hughes wurde aus seiner eigenen Partei ausgeschlossen und gründete eine neue Regierungsgruppe.

Damit blieb Australien eines der wenigen Länder im Ersten Weltkrieg, das die Wehrpflicht nicht durchsetzte. Man kämpfte bis zum Kriegsende weiter mit Freiwilligen, die allerdings immer schwieriger zu finden waren.

Folgen für Aborigines und andere Minderheiten

Während viele weiße Australier den Krieg als ehrenvolle Aufgabe betrachteten, erlebten Aborigines und andere Minderheiten den Kriegseinsatz anders.

Eingeschränkte Meldemöglichkeiten: Inoffiziell wurden Aborigines oft gar nicht erst zur Armee zugelassen, weil sie nach den damaligen rassistischen Vorschriften nicht als „weiße" Australier galten. Dennoch schafften es einige Ureinwohner, sich anzumelden, indem sie ihre Herkunft verschwiegen oder weil sie optisch als „hellhäutig" durchgingen.

Chinesischstämmige oder andere asiatische Gruppen: Sie stießen auf ähnliche Barrieren. Man akzeptierte sie nur selten, obwohl sie bereit waren, zu dienen.

Deutschstämmige Australier: Sie gerieten unter Generalverdacht. Manche wurden überwacht oder in Internierungslager gesteckt, wenn man sie verdächtigte, deutschfreundlich zu sein.

So zeigte sich, dass die patriotische Einheit, die in Propaganda propagiert wurde, in Wirklichkeit starke Grenzen hatte.

Kriegsende und Rückkehr der Soldaten

Der Krieg endete im November 1918 mit dem Waffenstillstand. Die Freude war groß, aber bald folgten ernüchternde Erfahrungen:

Rückkehr der Truppen: Zehntausende Soldaten kehrten 1919/1920 nach Hause zurück. Viele waren verwundet, traumatisiert oder krank (u. a. durch die Spanische Grippe).

Arbeitsmarktprobleme: Plötzlich strömten viele Männer zurück in den Arbeitsmarkt. Einige fanden nur schwer eine Beschäftigung. Frauen, die in ihrer Abwesenheit Jobs übernommen hatten, wurden oft gedrängt, ihre Stellen zu räumen.

Versuch der Wiedereingliederung: Es gab Ansätze von Veteranenorganisationen wie dem Returned and Services League (RSL), die Kameradschaft boten und sich für die Interessen der Veteranen einsetzten. Trotzdem litten viele unter den psychischen Folgen des Krieges.

Australien hatte rund 330.000 Soldaten entsandt, davon kamen mehr als 60.000 ums Leben, über 150.000 wurden verwundet. Bezogen auf die Bevölkerungszahl waren diese Verluste immens und hinterließen tiefe Narben in Familien und Gemeinden.

Das Erbe des ANZAC-Geistes

Obwohl Gallipoli eine militärische Niederlage war und die Kämpfe in Frankreich und Belgien verheerend verliefen, entwickelten sich daraus Mythen von Heldenmut und Opferbereitschaft. Dieser sogenannte **ANZAC-Geist** wurde Teil der nationalen Identität.

ANZAC Day: Am 25. April gedenkt man seither jährlich der gefallenen Soldaten. Bereits 1916 gab es erste Gedenkveranstaltungen, später wurde es ein offizieller Feiertag.

Ritualisierte Erinnerung: Gedenkfeiern mit Schweigeminuten, Trauermärschen und Kranzniederlegungen prägten sich tief ein. Sie stärkten das Zusammengehörigkeitsgefühl vieler Weißen Australier.

Kritische Stimmen: Nicht alle waren begeistert. Einige sahen in der Kriegsverherrlichung ein Problem und verwiesen auf die unnötigen Opfer. Doch die Mehrheitsmeinung feierte den ANZAC Day als Geburtsstunde einer eigenständigen Nation.

Dieses Erbe hält bis heute an (obwohl wir im Buch nicht in die Gegenwart gehen), aber es prägte nachhaltig die australische Erinnerungskultur im 20. Jahrhundert.

Wirtschaftliche und soziale Folgen nach 1918

Nach Kriegsende wurde Australien mit verschiedenen Herausforderungen konfrontiert:

Schulden: Um den Krieg zu finanzieren, hatte Australien hohe Kredite aufgenommen, hauptsächlich in Großbritannien. Das belastete den Haushalt über Jahre hinweg.

Veränderte Arbeitswelt: Viele Betriebe hatten sich auf Kriegsproduktion eingestellt und mussten sich nun umstellen. Die Wirtschaft versuchte, neue Märkte zu finden, zum Beispiel für Rohstoffe und landwirtschaftliche Produkte.

Veteranenversorgung: Zahlreiche Kriegsversehrte benötigten Unterstützung. Es entstanden Programme für kostenlose Behandlungen, Renten und verbilligte Landzuteilungen. Doch die Bürokratie war oft überfordert.

Spanische Grippe: In den Jahren 1918/19 traf eine weltweite Grippewelle auch Australien. Zwar schützten Distanz und Quarantäne das Land etwas, dennoch starben Tausende.

Insgesamt war Australien nach dem Krieg wirtschaftlich nicht am Boden, aber die Nachkriegsphase brachte soziale Spannungen und neue politische Herausforderungen mit sich.

Änderungen im politischen Gefüge

Die Kriegsjahre hatten die Macht des Bundes gegenüber den Bundesstaaten erweitert, weil man zentral die Kriegsanstrengungen koordinierte. Dies setzte sich teilweise fort:

Neue Kompetenzen: Der Bund verwaltete Kriegssteuern, Militär- und Veteranenangelegenheiten. Auch in der Außenpolitik trat Australien nun eigenständiger auf, insbesondere beim **Friedensvertrag von Versailles (1919)**, wo es eine eigene Delegation stellte.

Parteienlandschaft: Die Labour Party (heute: Australian Labor Party) hatte sich gespalten; der konservative Premierminister Billy Hughes wechselte ins Lager der neu entstandenen Nationalist Party. Die Frage nach Sozialreformen und Arbeiterrechten rückte stärker in den Mittelpunkt.

Die Rolle Australiens innerhalb des britischen Empire festigte sich, aber zugleich wuchs der Stolz, eine eigenständige Stimme zu haben.

Minderheiten und ihr Kriegserbe

Obwohl der Krieg als „nationales Ereignis" galt, blieb die Stellung vieler Minderheiten problematisch:

Aborigines: Nur wenige von ihnen durften offiziell dienen. Wer es tat und zurückkehrte, hoffte auf Anerkennung, erlebte aber meist wieder Diskriminierung und erhielt oft nicht dieselben Veteranenvorteile wie weiße Kameraden.

Deutschaustralier: Während des Krieges gab es Internierung und Misstrauen. Nach Kriegsende lebten viele in einer Umgebung, die weiterhin Vorbehalte hatte. Deutsche Schulen oder Vereine wurden zeitweise geschlossen oder umbenannt.

Chinesischstämmige und andere Asiaten: Die White Australia Policy blieb bestehen und wurde nach Kriegsende noch strenger umgesetzt.

So war das nationale „Wir-Gefühl" in erster Linie ein weißes Zusammengehörigkeitsgefühl, bei dem andere Gruppen außen vor blieben.

Kultureller Wandel durch den Krieg

Der Erste Weltkrieg beeinflusste auch Kultur und Denken in Australien:

Literatur und Gedichte: Autoren wie C. J. Dennis oder Banjo Paterson schrieben Texte, die oft die australische Identität und die Kriegsopfer thematisierten.

Kriegsdenkmäler: In Städten und Dörfern entstanden Denkmäler für die Gefallenen. Diese Ehrenmale wurden zum Zentrum von Gedenkveranstaltungen.

Rollenbilder von Männern und Frauen: Die Soldaten galten als Helden, während von Frauen ein stilles, pflichtbewusstes Dienen im Hintergrund erwartet wurde. Dennoch hatten sich viele Frauen durch Kriegsarbeit emanzipatorischer erlebt und verlangten nun nach mehr Anerkennung.

Gleichzeitig prägten die Erfahrungen an den Fronten eine Generation von Männern, die mit ihren Erlebnissen klarkommen mussten. In den 1920er Jahren war die Gesellschaft daher auch von körperlich und seelisch versehrten Veteranen durchzogen.

Bilanz: Australiens Stellung in der Welt nach 1918

Durch den Krieg hatte sich Australien international einen Ruf erworben: „Die Australier" galten als tapfer und verlässlich. Bei den Friedensverhandlungen in Versailles erhielt Australien erstmals einen offiziellen Sitz am Verhandlungstisch und unterzeichnete den Friedensvertrag als eigenständige Nation (wenn auch im Verbund mit dem Empire).

Status im Britischen Commonwealth: Australien galt fortan als Dominion, das in internen Angelegenheiten nahezu selbstständig war und auch auf internationaler Bühne als eigenständiges Mitglied des Commonwealth auftreten durfte.

Verhältnis zu Asien: Die White Australia Policy verstärkte in Asien das Bild eines ausschließenden, auf weiße Bevölkerung setzenden Staates. Das sollte die Beziehungen zu Ländern wie Japan oder China belasten.

Regionale Dominanz: Im Pazifikraum übernahm Australien manche früheren deutschen Gebiete als Mandatsverwaltung (z. B. Nauru zusammen mit Großbritannien und Neuseeland). Das stärkte den Einfluss in der Region, auch wenn es keine eigenständige Kolonialmacht im klassischen Sinne wurde.

Australien war nun endgültig nicht mehr nur ein „Anhängsel" Englands, sondern hatte sich durch das Blutvergießen auf den Schlachtfeldern seinen Platz als Nation erkämpft – so zumindest empfand es die Mehrheitsgesellschaft.

Das Schicksal der Heimkehrer und ihre Integration

Die Heimkehrenden wurden in den Medien oft als Helden gefeiert, doch der Alltag war für viele Veteranen hart.

Verletzungen und psychische Folgen: Zahlreiche Soldaten hatten Gliedmaßen verloren oder litten unter „Shell Shock" (heute: posttraumatische Belastungsstörung). Das war damals medizinisch kaum verstanden, und die gesellschaftliche Akzeptanz für psychische Probleme war gering.

Arbeitsmarkt: Da es ein Überangebot an Arbeitskräften gab, fanden viele Veteranen nur schwer eine Stelle. Manche entschieden sich, in entlegenen Gebieten als Siedler auf Land zu arbeiten, das sie vom Staat erhielten. Nicht alle kamen damit klar, da die Flächen oft wenig geeignet waren oder die Anbaumethoden fremd waren.

Soziale Spannungen: In vielen Familien war der Vater lange weg gewesen, die Kinder kannten ihn kaum. Frauen, die sich an ein selbstständigeres Leben gewöhnt hatten, mussten sich nun wieder unterordnen. Das führte in manchen Ehen zu Konflikten.

Trotz allem blieb der Respekt vor der Opferbereitschaft der Veteranen hoch – das jährliche Gedenken am ANZAC Day brachte ihnen Anerkennung, wenngleich die materiellen Probleme weiter bestanden.

Politische Entwicklungen nach dem Krieg

Nach 1918 musste die australische Politik die Kriegsphase verarbeiten und einen neuen Kurs festlegen.

Regierungen Billy Hughes und Stanley Bruce: Die von Hughes geführte Nationalist Party blieb einige Jahre an der Macht, bevor Stanley Bruce das Amt übernahm. Beide setzten auf eine enge

Bindung an Großbritannien, forcierten Siedlungsprojekte für Veteranen und wollten die Wirtschaft modernisieren.

Gewerkschaften und Arbeiterbewegung: Diese war nach den Spaltungen durch die Wehrpflichtdebatte geschwächt, erholte sich jedoch in den 1920er Jahren. Man forderte bessere Löhne, den Achtstundentag und staatliche Sozialleistungen.

Abschottungspolitik: Die Einwanderung wurde weiter streng kontrolliert, und die nationalistische Rhetorik hielt an. Man wollte „das Land für weiße Australier" ausbauen.

Die Gesellschaft versuchte, Normalität wiederzufinden. Doch der Erste Weltkrieg hatte die Welt verändert. Viele hatten ihr Vertrauen in die Staatsführung verloren oder sahen die Grausamkeiten des Krieges mit Skepsis.

Kultur und Gedenken in den 1920er Jahren

In den 1920er Jahren entstand eine Art „Gedächtniskultur" um die gefallenen Soldaten. Kriegerdenkmäler wurden in fast jedem Ort errichtet, von kleinen Landgemeinden bis hin zu großen Städten.

Zeremonielle Einweihungen: Wenn ein Denkmal fertig war, versammelte sich die Gemeinde. Verwundete Veteranen nahmen teil, Geistliche sprachen Gebete, und Militärkapellen spielten. So verankerte sich der Respekt vor den Gefallenen fest im Alltagsleben.

Literatur und Kunst: Es entstanden Gedichte und Erzählungen, die das Leiden an der Front oder die heimische Sehnsucht thematisierten. Einige Künstler hinterfragten den Krieg, andere stellten den Opfermut in den Vordergrund.

ANZAC Day: Er entwickelte sich zum wichtigsten Feiertag neben dem Gründungstag des Commonwealth. Schulen lehrten die

Legende von Gallipoli als Heroismus, was später wiederholt kritisch beleuchtet wurde.

Gleichzeitig wuchs bei manchen Intellektuellen die Abneigung gegen übertriebenen Militarismus. Sie sahen im Krieg vor allem ein sinnloses Gemetzel, das eine ganze Generation traumatisiert hatte.

Frauenleben in der Nachkriegszeit

Die Zeit des Ersten Weltkriegs hatte vielen Frauen neue Möglichkeiten eröffnet. Doch mit der Rückkehr der Männer mussten sie oft wieder in traditionelle Rollen zurückkehren.

Berufstätigkeit: Frauen, die in Fabriken oder Büros gearbeitet hatten, verloren ihre Stellen an heimkehrende Soldaten. Nur wenige Betriebe hielten an der Idee fest, Frauen dauerhaft in diesen Berufen einzustellen.

Wahlrecht vs. soziale Realität: Obwohl das Bundeswahlrecht für Frauen existierte, blieb ihre politische Vertretung marginal. Erst nach und nach wagten Frauen den Schritt in öffentliche Ämter.

Gesellschaftliche Erwartungen: Ehe, Kindererziehung und Haushalt galten weiterhin als Hauptaufgabe der Frau. Wer alleinstehend war, hatte es schwer, wirtschaftlich unabhängig zu bleiben.

KAPITEL 17: ZWISCHENKRIEGSZEIT

Einleitung

Nach dem Ende des Ersten Weltkriegs (1918) befand sich Australien in einer Phase des Umbruchs. Die Gesellschaft war vom Krieg gezeichnet, viele Soldaten kehrten heim, und die Politik musste sich neuen Aufgaben stellen. Die 1920er Jahre waren zunächst von wirtschaftlichem Aufschwung und einer gewissen kulturellen Aufbruchsstimmung geprägt. Doch schon am Ende des Jahrzehnts bahnte sich eine globale Wirtschaftskrise an, die auch Australien in Mitleidenschaft ziehen sollte.

In diesem Kapitel betrachten wir, wie sich Australien in der Zwischenkriegszeit (1918–1939) entwickelte. Wir beleuchten die fortdauernde Bindung an Großbritannien, die Stabilisierung von Politik und Wirtschaft, aber auch die sozialen Spannungen. Und wir werfen einen Blick auf die Anfänge des Luftverkehrs, den Ausbau der Infrastruktur und das Fortbestehen von Diskriminierung gegenüber Aborigines und anderen Minderheiten. Schließlich geht es um die Weltwirtschaftskrise ab 1929, die die Lebensbedingungen vieler Australier drastisch veränderte und die Gesellschaft erneut herausforderte.

Rückkehr zur Normalität? Die Jahre nach 1918

Der Erste Weltkrieg hinterließ tiefe Spuren: Rund 330.000 Australier hatten gedient, mehr als 60.000 waren gefallen, viele weitere verwundet oder traumatisiert. Dennoch versuchte das Land, möglichst schnell wieder in den „Normalzustand" zu kommen.

Soldaten an der Heimatfront: Die Veteranen wurden feierlich empfangen, bekamen zum Teil kleine Landparzellen, um als Farmer ein neues Leben zu beginnen. Doch nicht alle hatten Erfahrung in der Landwirtschaft. Manche Projekte scheiterten, weil die Böden unfruchtbar waren.

Soziale Integrationsprobleme: Arbeitsplätze waren knapp, besonders in den Städten, wo in den Kriegsjahren mehr Frauen und ältere Männer tätig gewesen waren. Viele Veteranen litten an körperlichen und seelischen Wunden, die oft nur unzureichend behandelt wurden.

Dennoch herrschte in Teilen der Gesellschaft Aufbruchstimmung. Man wollte den „Great War" abschütteln und eine bessere Zukunft gestalten.

Wirtschaftlicher Aufschwung in den 1920er Jahren

In den frühen 1920er Jahren setzte ein gewisser Wirtschaftsboom ein. Australien profitierte von der internationalen Nachfrage nach Wolle, Fleisch und Weizen.

Exporte: Viele Länder in Europa litten zwar unter den Kriegsfolgen, brauchten aber dennoch australische Agrarprodukte. Dadurch stiegen die Preise, und Farmer konnten investieren.

Industrialisierung: Neben der Landwirtschaft entwickelte sich in Städten eine wachsende Industrie. Fabriken stellten Kleidung, Nahrungsmittel, Metallwaren und Konsumgüter her.

Infrastruktur: Die Bundesregierung und die Bundesstaaten förderten den Bau von Eisenbahnstrecken, Straßen und Häfen. Auch die ersten Flugverbindungen innerhalb Australiens und ins Ausland wurden erprobt. Flugpioniere wie Charles Kingsford Smith gewannen Ansehen, als sie Ozeane überquerten.

In den Straßen großer Städte wie Melbourne, Sydney und Adelaide entstanden Kaufhäuser, Kinos, Restaurants und Tanzsäle. Das Leben vieler Menschen wurde moderner.

Kulturelle Veränderungen

Die 1920er Jahre gelten oft als eine Zeit des „Jazz Age". Auch in Australien schwappte der Trend aus den USA und Europa herüber.

Tanz und Musik: Junge Leute besuchten Tanzlokale, in denen Bands Jazz, Charleston oder Foxtrott spielten. Frauen trugen kürzere Kleider und neue Frisuren (Bob). Man suchte nach Vergnügungen, um die Schrecken des Krieges zu vergessen.

Kino: Stummfilme waren sehr beliebt. Kinosäle sprossen in den Städten, wo Hollywood-Produktionen, aber auch einheimische Filme liefen. Stars wie Rudolph Valentino oder Mary Pickford hatten auch in Australien große Fangemeinden.

Literatur und Kunst: Australische Schriftsteller und Maler begannen, sich stärker mit lokalen Themen auseinanderzusetzen, etwa dem Outback, der einheimischen Tierwelt oder der Suche nach einer authentisch „australischen" Ausdrucksweise.

Trotzdem war Australien kulturell weiterhin eng an Großbritannien orientiert. Viele Einflüsse kamen zudem aus den USA.

Politik: Konservative Dominanz und Arbeiterbewegung

Nach der Spaltung der Labour Party in der Kriegszeit (Wehrpflichtdebatte) übernahmen zumeist konservative oder gemäßigt-bürgerliche Parteien die Regierung.

Regierung von Stanley Bruce (Nationalist Party): Zwischen 1923 und 1929 lenkte Stanley Bruce die Geschicke des Landes. Er setzte auf enge Bindung an Großbritannien, wirtschaftlichen Ausbau und Einwanderungspolitik zugunsten weißer Europäer.

Rolle der Labour Party: Sie erholte sich allmählich und gewann in den Bundesstaaten teils Wahlen. Auf Bundesebene blieb ihr Einfluss aber zunächst begrenzt. Sie setzte sich weiter für Arbeiterrechte, Sozialleistungen und bessere Arbeitsbedingungen ein.

Soziale Gesetzgebung: Einige Fortschritte wurden erzielt, etwa bei Unfallversicherungen oder Arbeitszeitregelungen. Doch ein flächendeckendes soziales Netz wie heute existierte nicht.

Die konservative Regierung versuchte zudem, durch günstige Kredite die Landwirtschaft zu stärken und mehr Menschen aufs Land zu bringen.

Die anhaltende White Australia Policy

Die Einwanderungsbeschränkungen für Nicht-Weiße blieben in Kraft und wurden sogar verschärft.

Restriktionen: Asiatische Arbeiter oder Migranten hatten kaum Chancen, legal einzureisen. Sprachtests, Kopfsteuern oder andere Hürden sorgten dafür, dass hauptsächlich Briten und einige wenige Nordeuropäer ins Land kamen.

Auswirkungen: Australien entwickelte sich zu einer fast ausschließlich weißen Gesellschaft, was den Kontakt zu den asiatischen Nachbarn erschwerte.

Selbstbild: Politiker und Medien priesen Australien als Land der „weißen Rasse", was auch in Teilen der Bevölkerung auf Zustimmung stieß.

Kritische Stimmen gegen diese Politik gab es, blieben aber eine Minderheit. Die meisten Australier verteidigten das Konzept als „Sicherung des Lebensstandards" und Schutz gegen vermeintliche Konkurrenz.

Der Umgang mit Aborigines in den 1920er Jahren

Für die Ureinwohner bedeuteten die 1920er Jahre wenig Besserung. Sie lebten oft in Missionsstationen oder Reservaten und hatten kaum Rechte.

Politische Nichtbeachtung: Auf Bundesebene wurde weiter ignoriert, dass Aborigines gleiche Rechte als Bürger haben könnten. Die Bundesstaaten setzten unterschiedliche Bestimmungen um, die meist aufs „Assimilieren" oder „Kontrollieren" abzielten.

Armut und Ausgrenzung: Viele Aborigines litten unter Armut und Hunger, weil sie ihr traditionelles Land verloren hatten. Wer in der Landwirtschaft arbeitete, erhielt oft nur Essen und eine einfache Unterkunft statt eines fairen Lohns.

Widerstand und Protest: Einige Aborigines-Gruppen und Unterstützer begannen, ihre Stimme zu erheben, Pamphlete zu schreiben oder sich an die Presse zu wenden. Der Erfolg blieb gering.

So setzten sich die kolonialen Muster fort: Australien betonte seine junge Nation, die auf den Opfermut der Anzac-Soldaten gründete, während die tausende Jahre alte Kultur der Aborigines marginalisiert wurde.

Erste Rundfunksendungen und technischer Fortschritt

Die 1920er Jahre brachten auch moderne Technologien nach Australien:

Radio: Ab Mitte der 1920er entstanden erste Radiosender. Die Leute kauften Radios, um Musik, Nachrichten oder Hörspiele zu empfangen. Das einte das Land kulturell, da man nun gemeinsam auf Sendungen lauschte.

Automobil: Die Zahl der Autos wuchs, wenn auch langsam. Vor allem in Städten entstanden neue Straßen, Tankstellen, Werkstätten. Auf dem Land blieben Pferdewagen allerdings noch länger wichtig.

Flugwesen: Piloten wie Charles Kingsford Smith oder Bert Hinkler unternahmen waghalsige Langstreckenflüge. Qantas (Queensland and Northern Territory Aerial Services) wurde 1920 gegründet und begann mit Passagier- und Postflügen in entlegene Gebiete.

Diese Technologien versprachen eine Vernetzung großer Distanzen. Besonders das Radio und die Flugzeuge veränderten den Alltag und weckten Stolz auf den Fortschritt.

Gesellschaftliche Kontraste: Stadt und Land

Der wirtschaftliche Aufschwung kam vor allem den Städten zugute. Auf dem Land war das Leben oft entbehrungsreicher.

Stadtleben: Moderne Wohnungen, Elektrizität, Straßenbahnen und Kanalisation machten das Leben in Metropolen komfortabler. Kino, Tanzlokale und Geschäfte schufen ein neues Konsum- und Freizeitverhalten.

Landleben: Farmer hatten es schwer, wenn das Wetter nicht mitspielte oder die Preise für Agrarprodukte schwankten. Dürreperioden führten zu Viehsterben oder schlechten Ernten. Viele Siedler, die Veteranen waren, gaben auf und zogen in die Städte, was zu Frustration führte.

Bevölkerungsentwicklung: Australiens Bevölkerung wuchs, blieb aber insgesamt relativ gering für die enorme Fläche. Die politische Debatte um „Populate or Perish" (siehe Kapitel 16) ging weiter, doch die White Australia Policy verhinderte die Einwanderung größerer Massen.

So entstand eine gewisse Kluft zwischen städtischer Moderne und ländlicher Tradition, die sich auch in kulturellen Vorlieben zeigte.

Frauenrechte nach dem Krieg

Frauen hatten auf Bundesebene bereits seit 1902 das Wahlrecht. Einige Bundesstaaten folgten später nach (Victoria erst 1908). Doch in der Praxis blieben Frauen in Politik und Führungsetagen rar.

Erste weibliche Parlamentsmitglieder: In den 1920er Jahren wagten vereinzelte Frauen den Schritt, sich politisch zur Wahl zu stellen, jedoch meist ohne Erfolg. Erst in den 1930er Jahren zogen die ersten Frauen in manche Parlamente ein.

Arbeitswelt: Nach dem Krieg wurden Frauen teils wieder aus ihren neu gewonnenen Stellen verdrängt. Konservative Stimmen meinten, ihr Platz sei im Haushalt. Dennoch gab es Frauen, die aktiv blieben, etwa als Lehrerinnen, Krankenschwestern oder Büroangestellte.

Gleichberechtigung: Eine organisierte Frauenbewegung forderte gleiche Löhne und Rechte. Doch viele Ansprüche stießen auf Widerstände in Politik und Gesellschaft.

Trotzdem waren die 1920er eine Zeit, in der einige Frauen selbstbewusster auftraten: Kürzere Kleider, mehr Freizeitmöglichkeiten und das Recht, alleine auszugehen, kennzeichneten eine moderate Emanzipation – zumindest in den Städten.

Internationale Rolle Australiens in den 1920er Jahren

Nach dem Ersten Weltkrieg trat Australien selbstbewusster auf. Dennoch blieb man eng an Großbritannien gebunden.

Völkerbund: Australien wurde Gründungsmitglied des Völkerbundes (Vorläufer der UNO). Dort vertrat das Land aber meist die Linie des britischen Empire.

Mandatsgebiete: Australien verwaltete im Auftrag des Völkerbundes ehemalige deutsche Kolonien im Pazifik, wie Nauru oder Nordost-Neuguinea, was den Einfluss in der Region vergrößerte.

Englisch geprägte Diplomatie: Größere außenpolitische Schritte unternahm man kaum eigenständig, da man sich auf den Schutz der Royal Navy verließ.

Diese Abhängigkeit von Großbritannien zeigte sich auch in Wirtschaft und Kultur. Viele Australier reisten nach London, um zu studieren oder Geschäfte zu machen, und empfanden die britische Hauptstadt als geistiges Zentrum.

Aufkeimender Konflikt mit Japan

Eine der wenigen außenpolitischen Sorgen galt dem wachsenden Einfluss Japans in Asien. Während der 1920er gab es zwar keine direkte Konfrontation, doch die australische Regierung beobachtete die Entwicklung mit Argwohn.

Flottenabkommen: Nach dem Ersten Weltkrieg gab es Abkommen zur Begrenzung von Kriegsschiffen (Washingtoner Flottenkonferenz 1922). Australien hoffte, dass Großbritannien stark genug bliebe, um Japan im Zaum zu halten.

Rassische Vorurteile: Die White Australia Policy spiegelte die Angst vor einer „asiatischen Bedrohung". Viele Menschen fürchteten eine japanische Expansion in den Pazifik.

Die Spannungen blieben im Hintergrund, doch sie sollten in den 1930er Jahren zunehmen, als Japan aggressiver auftrat.

Wirtschaftskrise ab 1929: Ursachen und Folgen

Das Ende der 1920er Jahre markierte das Platzen einer globalen Spekulationsblase, besonders in den USA. Die Große Depression (Weltwirtschaftskrise) traf auch Australien mit voller Wucht.

Kollaps der Exporte: Viele Länder konnten keine australischen Agrarprodukte mehr bezahlen. Die Preise für Wolle, Weizen und Fleisch fielen drastisch. Farmer gerieten in Existenznöte.

Bankenzusammenbrüche: Manche australischen Finanzinstitutionen gerieten in Schieflage, da sie Kredite vergeben hatten, die nicht zurückgezahlt werden konnten. Die staatliche Koordination war begrenzt.

Massenarbeitslosigkeit: In den Städten verloren zahlreiche Arbeiter ihre Jobs, Fabriken schlossen oder produzierten weniger. Die Arbeitslosenquote stieg auf über 25 Prozent.

Die Gesellschaft war schockiert, wie schnell der scheinbare Wohlstand der 1920er verpuffte. Es kam zu Protesten, Hunger und Elend.

Reaktionen der Politik auf die Krise

Die Regierungen in Canberra und in den Bundesstaaten wussten nicht recht, wie sie der Depression begegnen sollten. Es gab verschiedene Lösungsansätze:

Sparpolitik (Premiers' Plan): 1931 einigten sich die Staatsregierungen und der Bund auf Ausgabenkürzungen und Lohnsenkungen, um den Haushalt zu stabilisieren. Das verschärfte jedoch oft die Not der Arbeitslosen.

Opposition durch Labour: Teile der Labour Party wollten mehr staatliche Investitionen, um Arbeitsplätze zu schaffen. Der Premier von New South Wales, Jack Lang, verweigerte sogar Zinszahlungen an britische Gläubiger, was zu einer Regierungskrise führte.

Erst langsame Erholung: Die Wirtschaftskrise hielt in Australien bis Mitte der 1930er an, ehe eine leichte Besserung einsetzte, teils durch steigende Exportnachfrage und eine moderatere Geldpolitik.

Viele Australier fühlten sich in dieser Zeit verlassen. Das Vertrauen in Politik und Wirtschaftseliten litt.

Soziale Folgen der Depression

Die große Depression führte zu gravierenden sozialen Problemen:

Arbeitslosigkeit und Armut: Familien hatten Schwierigkeiten, Miete oder Lebensmittel zu bezahlen. Es entstanden Suppenküchen und Notunterkünfte, oft von Wohlfahrtsorganisationen betrieben.

Auswanderung: Einige Australier versuchten ihr Glück in anderen Ländern, doch die Krise war global, sodass es kaum bessere Alternativen gab.

Frauen und Kinder: Viele Frauen hielten mit Gelegenheitsarbeiten und Haushaltsarbeit die Familie zusammen. Kinder mussten früh mithelfen oder brachen die Schule ab, um Geld zu verdienen.

Die Kluft zwischen Arm und Reich vergrößerte sich, da wohlhabende Menschen Rücklagen hatten, während ärmere kaum Schutzmechanismen besaßen.

Kultur und Unterhaltung in Krisenzeiten

Trotz der wirtschaftlichen Lage suchten Menschen Ablenkung:

Kino und Radio: Für wenige Groschen konnte man ins Kino gehen oder zu Hause dem Radio lauschen. Filme boten Eskapismus, in den Nachrichten hörte man allerdings auch von Protesten und Entlassungen.

Sport: Cricket, Australian Football und Rugby blieben beliebt. Sportvereine organisierten Spiele, bei denen sich Fans trafen, um den Alltagssorgen zu entkommen.

Politische Debatten: Zeitungen waren voll von Kontroversen um Wirtschaftspolitik. Radikale Ideen gewannen an Boden, wie Sozialismus oder Nationalismus.

Einige Künstler setzten sich in Liedern oder Gedichten mit der Not der Menschen auseinander, kritisierten Politiker und Banker.

Aufkommende Spannungen in Europa und Asien

Gegen Ende der 1930er Jahre rückte Australien wieder das Ausland in den Blick, als sich in Europa und Asien neue Krisen anbahnten.

Hitlers Machtergreifung: In Deutschland kam 1933 Adolf Hitler an die Macht, begann aggressiv aufzurüsten und Gebiete zu beanspruchen. Australien sah dem mit Sorge zu, verließ sich aber auf die britische Außenpolitik.

Japan in China: Japan führte Krieg in China (seit 1937), was im Pazifikraum Unruhe schürte. Australische Politiker machten sich Gedanken um die eigene Verteidigung.

Bündnis mit Großbritannien: Man glaubte, dass die Royal Navy im Notfall Australien schützen würde. Ein eigenständiges Verteidigungskonzept gab es nur in Ansätzen.

So geriet die Welt zunehmend auf Kollisionskurs, und Australien, das noch immer eng mit Großbritannien verbunden war, bereitete sich unweigerlich auf mögliche Konflikte vor.

Veränderungen in der Politik: Der Weg in die 1930er

Im Verlauf der 1930er Jahre wechselten die Regierungen zwischen konservativen Bündnissen und der Labour Party. Wichtige Figuren waren:

Joseph Lyons: Ein ehemaliges Labour-Mitglied, das zur konservativen UAP (United Australia Party) übertrat. Er wurde 1932 Premierminister. Lyons setzte auf Haushaltskonsolidierung und sparsame Politik, was die Erholung von der Depression behutsam unterstützte.

John Curtin: Führungsfigur der Labour Party. Er kritisierte oft die enge Bindung an Großbritannien und forderte mehr Australien-zentrierte Politik. Später sollte er als Premierminister im Zweiten Weltkrieg eine bedeutende Rolle spielen.

Die politische Landschaft blieb in Bewegung, da die Menschen nach Auswegen aus Armut und Unsicherheit suchten.

Anzeichen einer leichten Erholung

Um 1935/36 zeigte sich eine zaghafte Besserung der Wirtschaft:

Steigende Rohstoffpreise: Wolle und Weizen fanden wieder mehr Abnehmer im Ausland.

Binnenkonsum: Wenn auch vorsichtig, kauften die Leute mehr ein, was kleine Geschäfte belebte.

Staatliche Wohnungsprogramme: Einige Projekte halfen, Arbeitslose in den Hausbau einzubinden. Das sorgte für eine gewisse Belebung des Arbeitsmarktes.

Gleichwohl war die Arbeitslosigkeit noch hoch, und viele Familien litten. Erst das Herannahen eines neuen großen Konflikts sorgte paradoxerweise für mehr Wirtschaftsimpulse, als Regierungen auf Rüstung und öffentliche Aufträge setzten.

Gespaltene Gesellschaft am Vorabend des Zweiten Weltkriegs

Kurz vor 1939 war Australien aus der schlimmsten Phase der Depression heraus, doch die Gesellschaft war geprägt von mehreren Spannungsfeldern:

Stadt vs. Land: Nach wie vor ungleiche Chancen, Landflucht, wenig Perspektiven für junge Leute außerhalb der Städte.

Weiße Mehrheit vs. Aborigines: Kaum Fortschritte bei Rechten oder Anerkennung der Aborigines.

Reiche vs. Arme: Die Ereignisse der Weltwirtschaftskrise hatten das Misstrauen gegen Banken und Regierungen verstärkt.

Tradition vs. Moderne: Kulturell gab es mehr moderne Einflüsse (Musik, Mode, Radio), doch viele Australier hielten an konservativen Werten fest, zum Beispiel in Bezug auf Familie oder Geschlechterrollen.

Die Angst vor einem neuen Krieg in Europa machte sich breit, aber noch hoffte man, die Dinge könnten sich beruhigen.

Ausblick auf den nächsten Weltkonflikt

Als 1939 Deutschland Polen überfiel und Großbritannien den Krieg erklärte, stand Australien erneut vor der Entscheidung, ob es sich beteiligen würde. Doch die Entscheidung war im Grunde klar: Als Teil des britischen Commonwealth würde Australien wieder an der Seite Großbritanniens kämpfen.

Die Zwischenkriegszeit hatte das Land einerseits moderner werden lassen – mit Radios, wachsender Industrie und einer verstärkten nationalen Identität – andererseits aber auch tiefe Wunden und Ungerechtigkeiten hinterlassen. Die Weltwirtschaftskrise zeigte, wie verwundbar Australien trotz seiner Ressourcen sein konnte, und die Diskriminierungspolitik gegenüber Nicht-Weißen und Aborigines blieb bestehen.

KAPITEL 18: DER ZWEITE WELTKRIEG UND SEINE AUSWIRKUNGEN

Einleitung

Die Zwischenkriegszeit endete, als Europa erneut in einen großen Konflikt taumelte. Im September 1939 begann der Zweite Weltkrieg, nachdem Deutschland Polen angegriffen hatte und Großbritannien daraufhin den Krieg erklärte. Für Australien stellte sich erneut die Frage, ob es an der Seite Britanniens kämpfen sollte. Doch ähnlich wie 1914 war die Antwort bereits vorgezeichnet: Als Teil des britischen Commonwealth entschied sich Australien automatisch für die Beteiligung.

Anders als im Ersten Weltkrieg spielte der Krieg nun auch in der asiatisch-pazifischen Region eine zentrale Rolle, besonders nach dem Eintritt Japans 1941. Erstmals in der Geschichte kam es zu direkten Angriffen auf australisches Gebiet. In diesem Kapitel betrachten wir, wie Australien in den Krieg geriet, wie sich der Konflikt auf das Land und seine Bevölkerung auswirkte und welche Rolle es in den entscheidenden Schlachten des Pazifiks spielte. Abschließend widmen wir uns den Veränderungen, die der Krieg in Gesellschaft, Politik und Wirtschaft hinterließ.

Kriegsausbruch in Europa

Am 3. September 1939 erklärte Großbritannien Deutschland den Krieg. Premierminister Robert Menzies verkündete kurz darauf am Radio, dass auch Australien in den Krieg eingetreten sei.

Motivation und Tradition: Die Bindung an Großbritannien war weiterhin eng, und die meisten Australier hielten es für selbstverständlich, an der Seite des Mutterlandes zu stehen.

Australian Imperial Force (AIF) erneut aufgestellt: Wie schon im Ersten Weltkrieg gründete Australien eine Freiwilligenarmee für den Auslandseinsatz. Diesmal nannte man sie offiziell die 2nd AIF (um sie von der 1st AIF von 1914–1918 zu unterscheiden).

In den ersten Kriegsmonaten schickte Australien Truppen zur Unterstützung nach Europa und Nordafrika. Noch war der Krieg weit weg. Die meisten glaubten, er würde sich ähnlich wie der Erste Weltkrieg entwickeln – ein europäischer Konflikt, in dem australische Soldaten an westlichen oder nordafrikanischen Fronten kämpfen würden.

Situation in Australien: Erneute Mobilmachung

Mit dem Kriegseintritt begann erneut eine Phase der Mobilmachung.

Rekrutierung: Freiwillige meldeten sich, um in der Armee oder Marine zu dienen. Diesmal führte Australien jedoch auch eine Form der Wehrpflicht ein, die jedoch zunächst nur für die Verteidigung auf dem eigenen Boden und in bestimmten benachbarten Gebieten galt.

Rüstungsindustrie: Fabriken wurden umgerüstet, um Munition, Ausrüstung und Fahrzeuge herzustellen. Frauen traten in größerer Zahl als Arbeiterinnen in Rüstungsbetriebe ein. Die Regierung gründete eigens Behörden, um Rohstoffe und Arbeitskräfte zu lenken.

Propaganda und Kontrolle: Zeitungen, Radio und Flugblätter riefen zur Einheit auf. Zensurgesetze wurden verschärft; der Staat behielt sich das Recht vor, kritische Berichte zu unterdrücken.

Die Wirtschaft profitierte anfangs davon, dass Australien nun wichtige Lieferungen für das Empire bereitstellte. Doch die Umstellung brachte auch Einschränkungen im zivilen Leben: Nahrungsmittel und andere Güter wurden rationiert, und freie Kapazitäten für die zivile Produktion waren begrenzt.

Kriegsschauplätze im Nahen Osten und in Griechenland

Australische Truppen wurden in den ersten Kriegsjahren vor allem in Nordafrika und im Nahen Osten stationiert, um die britischen Streitkräfte gegen das faschistische Italien und später gegen deutsche Einheiten unter General Rommel zu unterstützen.

Nordafrika (1940–1941): Australische Divisionen kämpften in Libyen, insbesondere bei Tobruk, einer Hafenstadt, die für die Briten von strategischer Bedeutung war. Die „Rats of Tobruk" (Ratten von Tobruk) – so nannten sich die verteidigenden Soldaten – erlangten Berühmtheit, weil sie monatelang den Belagerungen standhielten.

Griechenland und Kreta: 1941 wurden australische Einheiten auch nach Griechenland geschickt, um die Deutsche Wehrmacht aufzuhalten. Die alliierte Verteidigung brach jedoch zusammen, die deutschen Truppen rückten schnell vor, und es kam zu einer verlustreichen Evakuierung.

Diese Einsätze erinnerten in gewisser Weise an den Ersten Weltkrieg: Australier kämpften erneut weit entfernt von zu Hause unter britischem Kommando. Allerdings sollte sich der Krieg bald stark verändern, als Japan in den Konflikt eingriff.

Japans Kriegseintritt

Der 7. Dezember 1941 markierte einen Wendepunkt: Japan griff die US-Flotte in Pearl Harbor (Hawaii) an und erklärte den Alliierten offiziell den Krieg. Nun war Australien direkt gefährdet, da Japan sich rasch Richtung Südostasien bewegte und europäische Kolonien überrannte.

Fall Singapur (Februar 1942): Singapur galt als wichtigster britischer Stützpunkt in Asien. Die schnelle Eroberung durch japanische Truppen war ein Schock für die Alliierten, zumal viele australische Soldaten unter den Verteidigern waren und in Kriegsgefangenschaft gerieten.

Bombardierung von Darwin (Februar 1942): Japanische Flugzeuge griffen den nordaustralischen Hafen Darwin an. Dies war der erste direkte Angriff einer fremden Macht auf australisches Territorium. Die Stadt wurde schwer getroffen, viele Menschen flohen, und das Schreckensbild eines möglichen Einmarschs verbreitete sich.

Erstmals in der Geschichte musste Australien ernsthaft mit einer Invasion rechnen. Die Regierung rief alle verfügbaren Einheiten zurück, um das Land zu verteidigen.

Veränderte Bündnisse: Der Blick auf die USA

Mit dem Fall Singapurs wurde deutlich, dass Großbritannien in Europa gebunden war und keine starken Kräfte ins Pazifikgebiet schicken konnte. Australiens Premierminister John Curtin (seit 1941 im Amt) sah sich gezwungen, neue Wege zu suchen.

Kurswechsel: Curtin erklärte öffentlich, dass sich Australien an die USA wenden müsse. Er formulierte, dass Australien „nach Amerika schaut, frei von Hemmungen über traditionelle Verbindungen oder sentimentale Bindungen an das Vereinigte Königreich".

Ankunft amerikanischer Truppen: Tausende US-Soldaten kamen nach Australien, um von dort aus den Pazifikkrieg zu organisieren. Häfen, Flugplätze und Versorgungslinien wurden gemeinsam genutzt.

MacArthur in Australien: Der amerikanische General Douglas MacArthur verlegte sein Hauptquartier in den Südwestpazifik nach

Brisbane. Australien wurde so zu einer wichtigen Drehscheibe für Gegenangriffe gegen die japanische Expansion.

Dieser Strategiewechsel bedeutete einen Bruch mit der bisherigen starken Fixierung auf Großbritannien. Für die Zukunft zeichnete sich eine engere Allianz mit den Vereinigten Staaten ab.

Verteidigung der Heimat & Schlachten in Papua-Neuguinea

Während Japan im Südpazifik vorrückte, wurde Papua-Neuguinea zum entscheidenden Vorposten für Australien.

Kokoda Track (1942): Australische Truppen verteidigten den Kokoda-Pfad im Dschungel Neuguineas gegen japanische Angriffe. Die Kämpfe waren hart, das Gelände steil, feucht und voller Krankheiten. Doch Australien hielt stand und stoppte den Vormarsch der Japaner auf Port Moresby.

Milne-Bucht und Buna-Gona: Weitere Schlachten in Neuguinea verliefen ähnlich zäh. Australische und US-Truppen konnten gemeinsam die Japaner zurückdrängen, was den Alliierten einen strategischen Vorteil verschaffte.

Die Kämpfe im Dschungel waren brutal und forderten hohe Verluste. Dennoch galt die Verteidigung Neuguineas als großer Erfolg für Australien, da sie das eigene Festland absicherte.

Leben an der Heimatfront

Da Australien nun selbst bedroht war, wurden die staatlichen Maßnahmen auf der Heimatfront viel umfassender als im Ersten Weltkrieg.

Rationierung: Lebensmittel wie Zucker, Tee, Butter oder Fleisch wurden knapp. Die Regierung gab Rationierungsmarken aus, damit jeder Haushalt eine faire Zuteilung erhielt.

Frauen in der Arbeitswelt: Noch stärker als zuvor übernahmen Frauen Aufgaben in Fabriken, Büros oder auf dem Land. Es entstanden Frauenhilfsdienste bei den Streitkräften (z. B. AWAS – Australian Women's Army Service). Allerdings verdienten Frauen meist weniger als Männer in vergleichbaren Positionen.

Blackouts und Zivilschutz: In den Küstenregionen verhängte man nachts Dunkelheit („Blackout"), um feindlichen Flugzeugen keine leuchtenden Ziele zu bieten. Freiwillige Zivilverteidigungsgruppen informierten über Luftschutzkeller und halfen bei Bombenübungen.

Viele Familien mussten ohne ihre Söhne und Väter auskommen, die an der Front kämpften. Die ständige Angst vor Luftangriffen prägte besonders den Norden und Osten Australiens.

Aborigines und andere Minderheiten im Krieg

Während weiße Australier den Kampf gegen Japan als nationale Pflicht sahen, stellte sich für Aborigines und andere Minderheiten eine kompliziertere Lage dar.

Aborigines: Manche dienten als Kundschafter oder arbeiteten in Hilfsfunktionen, etwa beim Bau von Straßen und Flugplätzen. Doch offiziell galten viele Aborigines weiterhin als nicht wehrpflichtig, und sie erhielten oft keinen gleichen Sold.

Deutschaustralier und Italiener: Sie gerieten erneut unter Misstrauen. Die Regierung internierte viele, auch wenn sie seit Generationen in Australien lebten.

Asiatische Gruppen: Die White Australia Policy blieb in Kraft. Chinesischstämmige Australier wurden teils besser behandelt als im Ersten Weltkrieg, weil China ein Alliierter der USA war, doch die Diskriminierung insgesamt blieb bestehen.

Insgesamt zeigte sich, dass der Krieg zwar alle Kräfte mobilisierte, aber nicht zu einer echten Gleichberechtigung führte.

Wandel in der Kriegsführung

Ab 1943 wendete sich das Blatt im Pazifik. Die USA führten eine „Inselsprung-Strategie" durch, bei der sie wichtige Stützpunkte zurückeroberten. Australien unterstützte dies logistisch und mit eigenen Truppen.

Schlacht in der Korallenmeer (1942): Diese Seeschlacht östlich von Australien war eine der ersten, bei der die Alliierten Japan stoppten. Australische Schiffe und Flugzeuge waren beteiligt.

Weitere Vorstöße: Australische Divisionen kämpften in Gebieten wie Bougainville, Neuguinea und Borneo. Sie säuberten Gebiete von verbliebenen japanischen Einheiten, oft bis kurz vor Kriegsende.

Rolle MacArthurs: Der US-General leitete viele gemeinsame Operationen. Die amerikanische Präsenz brachte Australien wirtschaftliche und militärische Unterstützung, festigte aber auch eine Abhängigkeit von den USA.

Währenddessen kämpften australische Piloten in Europa, und einige Einheiten blieben im Nahen Osten – doch der Hauptfokus lag auf der pazifischen Region.

Kriegsende 1945 – Sieg und Ermattung

Mit dem Zusammenbruch des Deutschen Reiches im Mai 1945 endete der Krieg in Europa. Im Pazifik dauerte er noch bis August/September 1945, als die Atombombenabwürfe auf Hiroshima und Nagasaki Japan zur Kapitulation zwangen.

Erleichterung und Jubel: In den australischen Städten brachen Freudenfeiern aus. Menschen tanzten auf den Straßen, Fahnen wehten, und Veteranen kehrten nach Hause zurück.

Verluste: Australien hatte mehrere Hunderttausend Soldaten mobilisiert, von denen rund 40.000 fielen oder an Krankheiten starben. Viele weitere waren verwundet oder traumatisiert. Vergleichsweise weniger als im Ersten Weltkrieg, doch erneut sehr schmerzhaft für ein Land mit geringer Bevölkerungszahl.

Kriegsgefangene: Tausende Australier, vor allem aus dem Singapur-Feldzug, waren in japanischer Gefangenschaft, wo sie oft grausam behandelt wurden. Die Befreiung dieser Gefangenen war ein emotionaler Moment.

Das Ende des Zweiten Weltkriegs sollte nicht nur eine Epoche des Friedens einleiten, sondern auch eine Zeit großer Veränderungen in Australien selbst.

Wirtschaftliche Umbrüche in der Nachkriegszeit

Wie schon nach dem Ersten Weltkrieg stellte sich auch jetzt die Frage, wie man die Rückkehr der Soldaten in den Arbeitsmarkt bewältigen sollte und welche Rolle Australien international einnehmen würde.

Starke Staatsplanung: Der Staat hatte während des Krieges viele Bereiche gelenkt. Diese Strukturen nutzte man nun, um den Wiederaufbau anzukurbeln und mehr Wohnraum zu schaffen.

Zuwanderungspolitik: Die Regierung beschloss, verstärkt europäische Einwanderer anzuwerben („Populate or Perish"). Dies galt zunächst nur für Weiße, wobei bald auch eine gewisse Öffnung für südeuropäische Flüchtlinge und Displaced Persons aus Europa stattfand.

Aufschwung durch Militärbasis: Australien profitierte von der amerikanischen Präsenz in der Region. Die USA sahen Australien als wichtigen Partner in der Südostasienpolitik.

Die Nachkriegsjahre brachten einen anhaltenden Wirtschaftsboom, der das Land wohlhabender machte als je zuvor.

Gesellschaftliche Veränderungen

Der Zweite Weltkrieg hatte tiefgreifende Auswirkungen auf das gesellschaftliche Selbstverständnis Australiens.

Bedeutungsverlust Großbritanniens: Viele Australier erkannten, dass die Rettung von „Down Under" im Krieg letztlich durch die USA erfolgte. Die enge emotionale Bindung an England blieb, aber man achtete nun stärker auf amerikanische Popkultur, Musik und Filme.

Männer- und Frauenrollen: Frauen hatten erneut in vielen Bereichen gearbeitet. Nach Kriegsende drängte man sie teils zurück in Haushaltsrollen, doch eine wachsende Zahl von Frauen wollte ihr eigenständiges Leben fortsetzen.

Wachsende Stadtbevölkerung: Flüchtlinge und Migranten ließen die städtischen Gebiete weiter anschwellen. Moderne Einflüsse, etwa Fernsehen (später in den 1950ern) und Popmusik, veränderten das Lebensgefühl.

Obwohl der Krieg grausam war, führte er in Australien zu Innovationen, etwa in Medizin (Penicillin) und Technik (Radar, Flugzeugbau).

Die Rolle der Regierung nach dem Krieg

Die Regierung sah ihre Aufgabe darin, wirtschaftliches Wachstum, Sozialprogramme und Einwanderung zu fördern.

Arbeitsmarktpolitik: Große Projekte zur Wasser- und Stromversorgung (zum Beispiel das Snowy-Mountains-Hydroelectric-Scheme, gestartet 1949) sollten Arbeitsplätze schaffen und die Energieversorgung verbessern.

Soziale Maßnahmen: Aus dem Kriegserlebnis wuchs die Idee, Veteranen zu unterstützen und den Bürgern einen Grundstock an sozialer Sicherheit zu geben. Dazu gehörten verbesserte Renten, Gesundheitsversorgung und Wohnungsbauprogramme.

Neues Selbstbewusstsein: Australien nahm an internationalen Organisationen wie den Vereinten Nationen teil und beteiligte sich an Friedensverträgen und Aufbauhilfen in Südostasien.

Trotz des Wirtschaftswunders blieben Ungleichheiten in der Gesellschaft groß. Besonders Aborigines und asiatische Gruppen hatten wenig Nutzen von diesen Veränderungen.

Erinnerungs- und Gedenkkultur

Neben dem ANZAC Day (der bereits nach dem Ersten Weltkrieg zum nationalen Gedenktag geworden war) gab es nun weitere Gedenktermine für Ereignisse des Zweiten Weltkriegs, etwa das Gedenken an die Bombardierung Darwins.

Denkmäler und Museen: In vielen Städten wurden Denkmäler für die Gefallenen errichtet, erneut mit Namenstafeln und Widmungen.

Ehrung der Kämpfer im Pazifik: Die Soldaten, die in Neuguinea und auf den Inseln gekämpft hatten, erhielten besondere Anerkennung, da sie „unmittelbar Australien verteidigt" hatten.

Kriegsgefangene: Spezifische Initiativen widmeten sich der Erinnerung an die australischen Gefangenen in japanischen Lagern.

So wuchs eine Kultur, in der beide Weltkriege wichtige Bausteine des nationalen Selbstverständnisses wurden.

Folgen für Aborigines und andere Minderheiten

Die Kriegsjahre hatten manchen Aborigines eine gewisse Anerkennung verschafft, wenn sie als Soldaten oder Hilfskräfte dienten. Doch nach 1945 mussten sie in vielen Fällen wieder in frühere Diskriminierungsmuster zurück.

Fehlende Veteranenrechte: Aborigines-Veteranen erhielten oft nicht dieselben Vergünstigungen (z. B. Ländereien, Renten) wie weiße Veteranen.

Chinesische und andere asiatische Australier: Durch das Bündnis mit China und Südostasien im Krieg gab es leichte Lockerungen, aber die White Australia Policy blieb offiziell bestehen. Viele blieben benachteiligt oder ausgeschlossen.

Kriegsbedingte Migration: Nach dem Krieg sollten Europäer ins Land kommen – etwa Flüchtlinge aus dem zerstörten Europa oder Nachkriegsmigranten aus Großbritannien. Asiatische Migranten blieben jedoch weiterhin stark reglementiert.

Diese Kontinuität rassistischer Politik zeigte, dass der Zweite Weltkrieg kein radikales Umdenken in der Frage der Gleichberechtigung ausgelöst hatte.

Bilanz: Australiens Weg zum Ende des Zweiten Weltkriegs

Der Zweite Weltkrieg hatte Australien stärker erschüttert als der Erste, da nun das eigene Territorium attackiert wurde und die Sicherheit des Landes auf dem Spiel stand. Die Allianz mit den USA bewährte sich, und Australien trat am Ende als wichtiger Verbündeter im Pazifik hervor.

Verluste: Rund 40.000 Soldaten starben, ungezählte kehrten verwundet oder traumatisiert zurück. Bombardierungen, besonders in Darwin, hatten tausende Opfer gefordert.

Strategische Neuorientierung: Australien erkannte, dass es sich nicht nur auf Großbritannien verlassen konnte. Dies legte den Grundstein für den späteren ANZUS-Pakt (mit den USA und Neuseeland) in den 1950er Jahren.

Wirtschaftlicher Aufstieg: Der Krieg befeuerte Industrialisierung und Infrastrukturprojekte. Nach 1945 folgte ein lang anhaltender Boom, der viele Lebensbereiche modernisierte.

KAPITEL 19: NACHKRIEGSZEIT: WANDEL IN GESELLSCHAFT UND WIRTSCHAFT

Einleitung

Als der Zweite Weltkrieg 1945 endete, standen die Australierinnen und Australier vor einer neuen Aufgabe: dem Aufbau eines friedlichen, modernen Staates, der sich wirtschaftlich entfalten und seinen Platz in der Welt festigen sollte. Die Nachkriegszeit (etwa 1945–1960) war von wirtschaftlichem Wachstum, gesellschaftlichen Veränderungen und einer fortdauernden politischen Bindung an westliche Verbündete geprägt.

In diesem Kapitel befassen wir uns damit, wie Australien die Kriegsfolgen verarbeitete, in welchen Bereichen es einen deutlichen Fortschritt gab und welche Probleme weiterhin bestanden. Wir betrachten Fragen der Migration und „Nation-Building", die Rolle von Frauen in der Nachkriegsära und die weiterbestehende Ausgrenzung der Aborigines. Schließlich gehen wir auf die wachsende Orientierung an den USA ein, die sich in den 1950er Jahren festigte und zu einem prägenden Element der australischen Außen- und Sicherheitspolitik wurde.

Heimkehr der Soldaten

Nach Kriegsende kehrten Hunderttausende australische Soldaten zurück, darunter auch Kriegsgefangene aus Japan.

Empfang und Betreuung: Viele Kommunen organisierten Willkommensfeiern. Doch ähnlich wie nach dem Ersten Weltkrieg hatten die Rückkehrer Schwierigkeiten, sich in den Arbeitsmarkt und den Alltag einzugliedern.

Veteranenunterstützung: Der Staat bot den Heimkehrern Landprogramme, Ausbildungsstipendien und subventionierte Kredite für den Hauskauf an. Ziel war, ihnen rasch ein stabiles Leben zu ermöglichen.

Psychische Folgen: Traumata und Kriegsverletzungen blieben häufig unbehandelt. Zwar gab es medizinische Einrichtungen und Reha-Programme, doch das Thema „seelische Gesundheit" war gesellschaftlich wenig anerkannt.

Trotz dieser Schwierigkeiten lief die Integration im Großen und Ganzen besser als nach dem Ersten Weltkrieg, weil die Wirtschaft bald wuchs und Arbeitsplätze verfügbar waren.

Wirtschaftlicher Aufschwung und „Nation-Building"

In den späten 1940er und 1950er Jahren erlebte Australien eine Phase des starken Wirtschaftswachstums.

Industrie und Bauprojekte: Viele Unternehmen, die im Krieg für Rüstungszwecke produziert hatten, stellten nun Konsumgüter her (z. B. Haushaltsgeräte, Autos, Maschinen). Gleichzeitig startete die Regierung gigantische Infrastrukturprogramme, etwa das Snowy Mountains Hydroelectric Scheme ab 1949. Dieses Projekt diente der Stromerzeugung und Bewässerung in Südostaustralien.

Wohnungsbau: Da zahlreiche Familien nach dem Krieg ein Haus suchten, entstanden neue Vorstädte in der Nähe großer Städte. Es war die Zeit der Bungalows und großen Grundstücke, finanziert durch günstige Kredite.

Technischer Fortschritt: Elektronik, moderne Maschinen und Telekommunikation entwickelten sich rasch. In immer mehr

Haushalten zog das Radio fest ein, und ab Ende der 1950er kam sogar das Fernsehen hinzu.

Dieser Boom wurde auch von staatlichen Eingriffen getragen, bei denen die Regierung aktiv Kapital und Arbeitskräfte lenkte.

Die Rolle der Frauen in der Nachkriegszeit

Während des Krieges hatten Frauen viele Männerjobs übernommen, im technischen Bereich und in Verwaltungen. Nach 1945 sollten sie wieder ins traditionelle Rollenmuster zurückkehren.

Rückkehr in den Haushalt: Die Gesellschaft befürwortete das Ideal der Hausfrau und Mutter, die sich um Kinder und Haushalt kümmert. Viele Frauen gaben ihre Stellen auf, doch nicht alle wollten das.

Arbeitsplätze: Wer als Frau weiterarbeitete, fand oft nur schlechter bezahlte Jobs, vor allem in Büros, Geschäften oder als Lehrerinnen und Krankenschwestern.

Allmähliches Umdenken: In den Städten gab es Frauen, die sich zusammenfanden, um in Vereinen und Clubs für mehr Rechte zu kämpfen. Allerdings blieben solche Initiativen noch klein, ein größerer Wandel kam erst später in den 1960er und 1970er Jahren.

So gestaltete sich eine widersprüchliche Phase: Einerseits das traditionelle Hausfrauenbild, andererseits erste Schritte in Richtung einer Berufs- und Bildungskarriere für Frauen, die nicht nur aus ökonomischem Zwang arbeiteten.

„Populate or Perish"

Durch die Schrecken des Zweiten Weltkriegs war Australien noch stärker davon überzeugt, dass es seine Bevölkerungszahl steigern musste, um sich zu sichern und wirtschaftlich auszubauen.

Bevölkerungsaufbau: Die Regierung startete massive Kampagnen, um Migranten aus Europa anzulocken, zuerst vor allem aus Großbritannien („Ten Pound Poms", die für zehn Pfund die Schiffspassage bekamen), aber auch aus Ländern wie Italien, Griechenland, den Niederlanden und Deutschland.

Lockerungen, aber nur teilweise: Zwar öffnete man sich für europäische Nicht-Briten, aber die White Australia Policy blieb grundsätzlich bestehen. Asiatische oder afrikanische Migranten hatten weiterhin kaum Zugang.

Displaced Persons: Nach dem Krieg gab es viele heimatlose Flüchtlinge in Europa. Australien nahm einige tausend von ihnen auf, um Arbeitskräfte zu gewinnen. Diese Menschen halfen oft beim Bau großer Projekte (z. B. Staudämme, Eisenbahnlinien).

Die neuen Einwanderer veränderten die Kultur, brachten ihre Sprachen, ihr Essen und ihre Traditionen mit. Das Wort „Multi-Kulturalismus" war zwar noch nicht gebräuchlich, doch die Vielfalt in den Städten wuchs deutlich.

Wohnungsbau, Vorstädte und der Babyboom

Wie in vielen westlichen Ländern setzte nach dem Krieg ein **Babyboom** ein: Die Geburtenrate stieg, Familien hatten oft drei oder mehr Kinder.

Vorstadtentwicklung: Um den wachsenden Familien ausreichend Platz zu bieten, förderte der Staat den Bau von Einfamilienhäusern in neu entstehenden Vororten. Straßenbahnen, Busse und bald Autobusse verbanden die Siedlungen mit den Innenstädten.

„**Eigenheim-Kultur**": Das Einfamilienhaus auf eigenem Grundstück, mit Vorgarten und Garage, wurde zum Symbol des

Nachkriegsglücks. Die Leute kauften Möbel, Kühlschränke, Radios – Konsumgüter, die das Leben angenehmer machten.

Probleme am Rand: Nicht jeder konnte von diesem Wohlstand profitieren. Gerade ärmere Familien, Aborigines und ältere Einwanderer hatten es schwer, Kredite oder Mietwohnungen zu bekommen.

Trotz dieser Schattenseiten war die allgemeine Stimmung positiv und von Optimismus über die Zukunft geprägt.

Die Aborigines und das Fortbestehen der Diskriminierung

In der Nachkriegszeit änderte sich zunächst wenig an der rechtlichen Situation der Aborigines. In vielen Bundesstaaten galten weiterhin Gesetze, die ihnen Grundrechte verwehrten.

Kontrolle durch „Protektoren": In Staaten wie Queensland lebten viele Ureinwohner in Reservaten, wo ein staatlicher „Protector" über ihr Leben entschied, Heiratserlaubnisse ausstellte und Löhne einbehielt.

Entfremdung von den Kindern: Die sogenannte „Stolen Generations"-Praxis lief weiter, bei der Aborigine-Kinder teils gegen den Willen ihrer Eltern in weiße Pflegefamilien oder Heime gesteckt wurden, um sie „anzuassimilieren".

Erste Proteste: In den 1950er Jahren bildeten sich Gruppen von Aborigines und Unterstützern, die in Briefen und Artikeln auf die Ungerechtigkeiten hinwiesen. Noch blieb ihr Erfolg begrenzt, aber sie legten den Grundstein für spätere Bürgerrechtsbewegungen.

So bestand ein harter Kontrast zwischen dem allgemeinen Wohlstand und dem Leid vieler Aborigines, die in Armut oder Abhängigkeit verblieben.

Enge Bindung an Großbritannien

Politisch war Australien nach 1945 immer noch stark an Großbritannien ausgerichtet. Das zeigte sich bei Staatsbesuchen und in kulturellen Bezügen. Doch es wuchs eine neue Partnerschaft mit den USA.

ANZUS-Pakt (1951): Australien, Neuseeland und die USA schlossen ein Verteidigungsbündnis. Dieser Vertrag sicherte Australien im Falle eines Angriffs militärische Unterstützung durch die USA zu.

Britische Monarchie: Formell blieb der britische Monarch Staatsoberhaupt. Königin Elizabeth II. besuchte Australien in den 1950er Jahren, was große Begeisterung auslöste. Dennoch sah man in der Praxis immer deutlicher, dass Großbritannien nicht mehr die alleinige Schutzmacht war.

Kalter Krieg und Antikommunismus: In den USA herrschte die Angst vor einer Ausbreitung des Kommunismus. Australien übernahm diese Sichtweise und beteiligte sich später auch an Einsätzen gegen „kommunistische Bedrohungen" in Asien (z. B. in Korea).

Durch den Kalten Krieg rückte Australien also stärker in das amerikanisch geprägte Bündnissystem, behielt jedoch weiterhin seine emotionalen Verbindungen zu Großbritannien.

Die Labour-Regierung Chifley und der Kampf um Wirtschaftsreformen

Nach dem Krieg (1945–1949) regierte die Australian Labor Party unter Premierminister Ben Chifley. Sie versuchte, soziale Reformen umzusetzen.

Verstaatlichung des Bankwesens: Chifley wollte die Banken verstaatlichen, um die Finanzpolitik stärker zu kontrollieren. Dies wurde jedoch durch Gerichte gestoppt und stieß auf Widerstand der Konservativen.

Sozialleistungen: Die Regierung führte neue Maßnahmen im Gesundheitswesen ein, stärkte Rentensysteme und unterstützte Wohnungsbau. Dies sollte allen Bürgern zugutekommen.

Niederlage 1949: Bei den Wahlen 1949 unterlag Chifleys Regierung den Liberalen unter Robert Menzies. Dieser setzte stärker auf freie Marktwirtschaft und förderte Privatunternehmen.

Trotz der Wahlniederlage hinterließ die Labour-Regierung Spuren in Form eines ausgebauten Sozialsystems.

Ära Menzies: Konservative Stabilität (1949–1966)

Robert Menzies prägte als Premierminister mehr als ein Jahrzehnt die australische Politik. Seine Regierung zeichnete sich aus durch:

Wirtschaftliche Liberalisierung: Menzies setzte auf Privatwirtschaft und förderte Einwanderung, um Arbeitskräfte für Wachstumsprojekte zu haben.

Starke Sicherheits- und Verteidigungspolitik: Er betonte den Kampf gegen den Kommunismus. Australien beteiligte sich am Koreakrieg (1950–1953) und unterstützte später auch andere antikommunistische Einsätze.

Konservative Werte: Die Regierung verteidigte das traditionelle Familienbild und lehnte weitgehende soziale Experimente ab. Reformen für Aborigines oder Frauenrechte wurden nicht priorisiert.

Insgesamt führten die 1950er Jahre zu einer Phase relativer Stabilität und Wohlstands für den Großteil der Bevölkerung, was Menzies lange im Amt hielt.

Die wachsende Bedeutung des Fernsehens und der Popkultur

In den 1950er Jahren kam das Fernsehen nach Australien. Anfangs gab es nur wenige Sender in den großen Städten, doch das Medium veränderte die Freizeitgestaltung:

Olympische Spiele 1956 in Melbourne: Australien richtete erstmals ein großes Sportereignis auf globalem Niveau aus. Das Fernsehen übertrug Teile davon, was ein neues Gemeinschaftsgefühl und Selbstbewusstsein erzeugte.

Musik und Jugendkultur: Rock 'n' Roll aus den USA begeisterte junge Australier. Plattenlabels, Radiostationen und Konzerte sorgten für eine lebendige Jugendkultur.

Werbung und Konsum: Das Fernsehen trug zu einer neuen Konsumwelle bei, indem es Produkte anpries und Lebensstile vermittelte.

So öffnete sich Australien stärker globalen Einflüssen, insbesondere denen aus den USA.

Das Leben der Aborigines in den 1950er Jahren

Trotz des allgemeinen Wohlstands blieb die Lage der Aborigines problematisch.

Kaum Mitbestimmung: Sie hatten in den meisten Bundesstaaten kein Wahlrecht auf Landesebene. Bundesweit wurden sie nicht in der Volkszählung erfasst und galten offiziell nicht als Teil der „normalen" Bevölkerung.

Segregation: In vielen Städten gab es Orte, an denen Aborigines nicht erwünscht waren. Hotels und Kneipen verweigerten ihnen oft den Zutritt. In Kinos oder Schwimmbädern gab es Trennungen.

Erste Organisationen: Trotzdem entstanden erste Aborigine-Vereinigungen, die Unterstützung von Kirchen und einigen Hilfsgruppen erhielten. Diese Organisationen wiesen auf Missstände hin, sammelten Spenden und boten Rechtsberatung.

Obwohl nur wenige Politiker reagierten, waren die 1950er Jahre für Aborigines ein Schritt in Richtung einer späteren Bürgerrechtsbewegung.

Probleme der ländlichen Regionen und Umweltbelastungen

Der Boom in den Städten kontrastierte mit manchem Problem auf dem Land:

Dürre und Bodenerschöpfung: Intensive Landwirtschaft führte in einigen Gebieten zu Erosionsschäden und Versalzung. Farmer litten unter witterungsbedingten Einbrüchen.

Kaninchenseuche (Myxomatose): Um die Kaninchenplage zu bekämpfen, setzte man ein Virus ein, das die Tiere töten sollte. Anfangs war es erfolgreich, brachte aber auch ökologische Nebenwirkungen.

Ruf nach Technisierung: Traktoren, Maschinen, Kunstdünger – die Landwirtschaft wurde moderner, aber auch kostspieliger. Viele kleine Bauern konnten nicht mithalten und zogen in die Städte.

Die Debatte über Naturschutz oder nachhaltige Nutzung kam erst langsam auf. Der Staat förderte weiterhin vor allem eine starke Ausweitung der Produktion.

Internationale Politik: Der Kalte Krieg und Australiens Engagement

Im Klima des Kalten Krieges unterstützte Australien die USA in verschiedenen Konflikten.

Korea (1950–1953): Australische Truppen kämpften an der Seite der UN-Streitkräfte gegen Nordkorea und China.

Malaya (1948–1960): Im malaysischen Notstand gegen kommunistische Guerillas halfen australische Soldaten ebenfalls.

Vorgeplänkel für späteren Vietnamkrieg: Einige Berater und Einheiten sammelten in Südostasien Erfahrungen, die später im Vietnamkrieg (ab Mitte der 1960er) relevant wurden.

Diese Einsätze untermauerten die Allianz mit den USA, prägten jedoch auch das Selbstbild Australiens als verlässlicher Partner im antikommunistischen Kampf.

Die Frage nach einer Republik

Bereits in den 1950er Jahren gab es Diskussionen, ob Australien sich von der Monarchie lösen und eine Republik werden solle.

Starke Loyalisten: Viele Australier empfanden tiefen Respekt für die britische Krone. Die Besuche von Königin Elizabeth II. (1954, später mehrfach) fanden enormen Zuspruch.

Republikanische Minderheit: Einige Intellektuelle und Politiker meinten, Australien solle sich ganz von Großbritannien lösen, zumal die USA die Sicherheitsgarantien liefere. Doch diese Meinung war noch eine Minderheit.

So blieb die Monarchie für die nächsten Jahrzehnte unangefochten, obwohl der Gedanke einer Republik nicht völlig verschwand.

Kultureller Wandel

Parallel zum wirtschaftlichen Fortschritt entwickelte sich eine lebendige Kulturszene:

Australische Schriftsteller: Autoren wie Patrick White erforschten in Romanen die Themen Identität, Landschaft und Beziehungen. Patrick White sollte später den Nobelpreis für Literatur (1973) erhalten, doch seine Schaffensphase begann schon in den 1950ern.

Filmindustrie: Eine eigene Filmindustrie war schwach ausgeprägt. Viele Australier sahen lieber Hollywood-Produktionen, aber es gab erste Ansätze für lokale Filme mit historischen oder ländlichen Themen.

Nationalflagge: Seit 1954 war die Blue Ensign mit dem Union Jack und den Sternen offiziell die Nationalflagge. Sie stand für die Verbindung zu Großbritannien und die Werte des Commonwealth.

Die Kulturbewegung war noch eng mit britischen Vorbildern verknüpft, erfuhr jedoch zunehmend amerikanischen Einfluss, zum Beispiel in der Musik.

Zusammenfassung der Nachkriegsära

Die Jahre nach dem Zweiten Weltkrieg bis etwa 1960 waren durch wirtschaftlichen Aufschwung, technische Innovationen und eine optimistische Stimmung geprägt.

Aufstieg in der Welt: Australien exportierte Rohstoffe, Lebensmittel und begann, Industriegüter herzustellen. Die Verbündeten sahen in Australien einen stabilen Partner im Pazifik.

Soziale Sicherung: Viele Familien profitierten von staatlichen Programmen, Wohneigentum wurde für breite Schichten realisierbar.

Gleichzeitig Ungleichheiten: Aborigines wurden weiterhin ausgegrenzt, asiatische Migranten kaum zugelassen, und Frauen fanden sich oft in traditionellen Rollen wieder.

Das Fundament war gelegt für eine moderne, westlich orientierte Gesellschaft, die sich zwar stark mit den USA und Großbritannien verbunden fühlte, aber allmählich ihren eigenen Weg suchte.

Ausblick: Hin zu neuen Gesellschaftsbewegungen

Zum Ende der 1950er und Anfang der 1960er bahnten sich Umbrüche an, die Australien weiter verändern sollten:

Aufkeimender Protest gegen Rassismus: Einige Aborigines-Gruppen und Unterstützerbewegungen bereiteten Kampagnen für Bürgerrechte vor.

Frauenbewegung: Erste Vorläufer einer neuen Frauenbewegung formierten sich, kritisierten ungleiche Löhne und Rollenbilder.

Kulturelle Öffnung: Jüngere Menschen interessierten sich stärker für internationale Musik, Mode und Ideen.

In den 1960er Jahren würden diese Bewegungen stärker auftreten und das Gesicht Australiens verändern. Noch war das Land jedoch überwiegend konservativ und stolz auf seine wirtschaftlichen Erfolge.

CHAPTER 20: VERTIEFUNG DER NATIONALEN IDENTITÄT UND AUSBLICK

Einleitung

Mit dem Ende des Zweiten Weltkriegs und den Veränderungen in der Nachkriegszeit (Kapitel 19) war Australien als Nation stärker denn je gefestigt. Die Wirtschaft lief auf Hochtouren, zahlreiche Bauprojekte wurden vorangetrieben, und neue Einwanderer kamen ins Land. Dennoch gab es weiterhin soziale Spannungsfelder, etwa die Behandlung der Aborigines, die Rolle der Frauen und die Frage nach der zukünftigen Ausrichtung Australiens in der Welt.

In diesem abschließenden Kapitel wenden wir uns der weiteren Vertiefung der nationalen Identität Australiens in den 1950er und 1960er Jahren zu. Wir betrachten, wie sich gesellschaftliche Strömungen entwickelten und welche Debatten das Land bewegten, ohne dabei in die Gegenwart vorzudringen. Schließlich ziehen wir ein Gesamtfazit über den langen Weg, den Australien von den frühesten Menschen auf dem Kontinent bis zu dieser Phase des 20. Jahrhunderts zurückgelegt hat.

Kulturelle Öffnung und nationale Symbole

In den 1950er Jahren hatte Australien bereits eine gewisse kulturelle Eigenständigkeit gewonnen. Trotz der tiefen Bande zu Großbritannien und den zunehmenden Einflüssen aus den USA formte sich langsam eine unverwechselbare australische Identität.

Mythen und Erzählungen

Die Geschichten von den ANZACs (besonders aus Gallipoli und dem Zweiten Weltkrieg) hatten sich fest im kollektiven Gedächtnis verankert. Jährlich zelebrierte man den ANZAC Day mit Zeremonien, Märschen und Gedenkveranstaltungen.

In Romanen und Liedern wurde das Outback als harte, aber ehrliche Heimat idealisiert, in der der „wahre" australische Charakter – rau, bodenständig und hilfsbereit – zum Ausdruck kam.

Nationale Symbole

Die offizielle Nationalflagge (Blue Ensign mit Union Jack und Sternen des Southern Cross) war seit 1954 durch einen Gesetzesakt bestätigt worden. Zwar gab es vereinzelt Diskussionen, ob eine andere Fahne besser Australiens Eigenständigkeit symbolisiere, doch das Thema bewegte nur eine Minderheit.

Sport- und Kulturveranstaltungen trugen zum Selbstbewusstsein bei. Die Olympischen Spiele 1956 in Melbourne brachten internationales Ansehen, als Australien sich als gastfreundliche, sportbegeisterte Nation präsentierte.

Musik und Film

Während Hollywood-Filme in den Kinos dominierten, entstanden erste Bemühungen, australische Filmproduktionen zu fördern. Diese Filme griffen oft lokale Themen auf, etwa das Leben in ländlichen Gebieten, den Strandalltag oder historische Stoffe.

In der Musik war Rock'n'Roll sehr erfolgreich, und eine jugendliche Popkultur etablierte sich, bei der australische Bands versuchten, ihren eigenen Sound zu finden – wenn auch in Anlehnung an amerikanische Vorbilder.

All dies machte sichtbar, dass Australien mehr sein wollte als eine einfache britische „Tochterkolonie". Man strebte nach einer eigenständigen kulturellen Note, die das alltägliche Lebensgefühl ausdrückte.

Politische Kontinuitäten und erste leise Reformbewegungen

In den 1950er Jahren hielten konservative Regierungen die Zügel fest in der Hand, insbesondere unter Premierminister Robert Menzies. Doch gegen Ende des Jahrzehnts und in den frühen 1960ern regten sich erste Forderungen nach Reformen.

Sozial- und Wirtschaftspolitik

Der Staat förderte den Bau von Vorstädten, bot Familien günstige Kredite, und die Wirtschaft blieb robust. Allerdings zeigte sich in manchen Bereichen (etwa in kleinen Landregionen) eine Kluft zwischen Arm und Reich.

Gewerkschaften setzten sich für höhere Löhne und bessere Arbeitsbedingungen ein. Dabei kam es gelegentlich zu Streiks, etwa im Kohlebergbau oder in Fabriken, die sich rasch ausweiten konnten.

Diskussion um Bürgerrechte

Die Labour Party, aber auch einzelne liberale Persönlichkeiten, warfen Fragen zu Demokratie und Bürgerbeteiligung auf. Doch die Mehrheit im Parlament sah keine Notwendigkeit für umfangreiche Reformen, solange der allgemeine Wohlstand wuchs.

Manche Intellektuelle forderten, Aborigines endlich gleiche Rechte zuzusprechen. Ihre Texte fanden in Zeitungen und kleinen Verlagen ein Publikum, das jedoch noch überschaubar war.

Beibehaltung der White Australia Policy

Obwohl Australien europäische Migranten (z. B. aus Italien, Griechenland oder Deutschland) zuließ, blieb man gegenüber asiatischer Einwanderung verschlossen. Ein paar Stimmen plädierten für mehr Offenheit, doch offiziell wollte die Regierung an der „weißen Identität" festhalten.

So blieb die politische Landschaft konservativ geprägt, die Gesellschaft aber war in leisen Veränderungen begriffen, die in den kommenden Jahren lauter werden sollten.

Aborigines-Aktivismus in den 1960ern

Trotz Diskriminierung und rechtlicher Benachteiligung gaben viele Aborigines nicht auf. In den 1960er Jahren begann eine Phase des gewaltlosen Protests und der Organisation.

Schulbildung und Selbsthilfe

Einige Aborigines setzten sich dafür ein, den Kindern in Gemeinschaften eine bessere Schulbildung zu ermöglichen, oft mit Unterstützung kirchlicher Gruppen oder fortschrittlicher Lehrerinnen und Lehrer.

In Towns und Reservaten formierten sich „Fortschrittskomitees", die Spenden sammelten, um Gemeinschaftsräume zu bauen, und die weiße Öffentlichkeit auf Missstände aufmerksam machten.

Widerstand gegen Landraub

Die traditionelle Enteignung von Aborigine-Land ging vielerorts weiter. Weideland wurde an Farmer vergeben, ohne die Aborigines zu entschädigen. Es kam zu ersten, medial beachteten Protestaktionen, bei denen Aborigines Plakate trugen oder symbolisch ihre Gebiete markierten.

Auf juristischer Ebene kämpften einige Aborigine-Gruppen um Landansprüche. Häufig wurden sie jedoch in den Gerichten abgewiesen, da die Gesetze sie nicht als rechtlich gleichberechtigte Eigentümer anerkannten.

Einflussreiche Persönlichkeiten

Einzelne Aborigines, die es geschafft hatten, eine höhere Schulbildung zu erlangen, wurden Sprecher ihrer Gemeinschaften. Sie reisten durch das Land, hielten Reden und weckten bei liberalen Weißen Mitgefühl und Verständnis.

Auch Journalisten oder Schriftsteller berichteten mehr über das Leben und die Leiden der Aborigines. So fand allmählich ein Bewusstseinswandel statt, zumindest in kleinen Teilen der Mehrheitsgesellschaft.

Diese Entwicklungen mündeten später (in den späten 1960ern) in größere Kampagnen, etwa die Forderung nach einer Verfassungsänderung, damit Aborigines endlich offiziell mitgezählt und vom Bund geschützt würden.

Frauen zwischen Hausfrauenideal und Aufbruch

Die 1960er Jahre brachten für Frauen ebenfalls erste Schritte, um traditionelle Rollen zu hinterfragen.

Bildungschancen

Immer mehr Frauen besuchten weiterführende Schulen, und einige schrieben sich an Universitäten ein. Zwar war der Frauenanteil in akademischen Fächern gering, aber er wuchs kontinuierlich.

Lehrerinnen und Krankenschwestern galten als typische weibliche Berufe, doch vereinzelte Frauen versuchten sich auch in der Justiz, im Journalismus oder in der Verwaltung.

Neue Ideen

Zeitschriften und Sendungen (meist aus den USA oder Europa) berichteten über frühe feministische Ansätze, wie etwa die Forderung nach gleichem Lohn für gleiche Arbeit. Junge Australierinnen lasen von Aktivistinnen im Ausland und erhielten Inspiration.

Lokale Frauengruppen gründeten Vereine oder Lesekreise, in denen sie über Rechte und Selbstbestimmung diskutierten. Noch war diese Bewegung überschaubar, traf aber auf wachsendes Interesse.

Konservativer Gegenwind

Die vorherrschende Meinung im Mainstream blieb, dass Frauen vor allem Mütter und Ehefrauen sein sollten. Politik, Medien und Werbung propagierten das Bild der glücklichen Hausfrau, die in der Küche neue Elektrogeräte nutzt und für die Familie kocht.

Dieser Kontrast zwischen Ideal und Wirklichkeit war spürbar. Viele Frauen fühlten einen Zwiespalt, da sie zwar Freiheiten nutzen wollten, aber soziale und finanzielle Abhängigkeiten oft nicht durchbrechen konnten.

Die 1960er wurden somit ein Vorfeld der späteren Frauenbewegung. Manches, was in dieser Zeit nur hinter vorgehaltener Hand diskutiert wurde, sollte in den 1970ern offen auf die Agenda kommen.

Wachsende Bindung an die USA

Trotz der kulturellen Nähe zu Großbritannien verlagerte sich Australiens Sicherheitspolitik zunehmend in Richtung Vereinigte Staaten.

ANZUS-Vertrag und Militärbasen

Seit 1951 war der ANZUS-Pakt in Kraft. Gemeinsame Militärübungen wurden durchgeführt, und die USA errichteten Forschungs- und Überwachungsstationen in Australien, um im Kalten Krieg Funkverkehr und Satelliten zu kontrollieren.

Viele Australier empfanden die Präsenz US-amerikanischer Soldaten als Bereicherung, denn sie brachten moderne Technologien, Geld und „coole" Musik. Andere kritisierten die Abhängigkeit von einer fremden Großmacht.

Einsätze in Südostasien

Australien war beteiligt an der Konfrontation mit Indonesien (der sogenannten Konfrontasi in den 1960ern, bei der Malaysia gegen Indonesien unterstützt wurde). Auch in Malaysia und Borneo stationierte Australien Soldaten.

Dieser antikommunistische und pro-westliche Kurs stieß innenpolitisch größtenteils auf Zustimmung, da die Angst vor einer „roten Gefahr" (besonders nach dem Sieg der Kommunisten in China 1949) tief saß.

Wirtschaftlicher Einfluss

Neben militärischer Zusammenarbeit förderte Australien zunehmend Handel mit den USA. Amerikanische Unternehmen investierten in australische Industrien, Filmverleih und Ölförderung.

Die USA waren aber nicht nur ein Bündnispartner, sondern auch ein Konkurrenzmarkt für agrarische Produkte. Daher entstanden immer wieder Spannungen bei Exportquoten und Zollfragen.

Dennoch war der Tenor, dass die USA als Garant für Sicherheit im asiatisch-pazifischen Raum unverzichtbar seien und Australien somit erneut Teil eines großen Bündnissystems wurde, wie einst mit dem Empire.

Der Weg zur teilweisen Öffnung der White Australia Policy

Obgleich die offizielle Politik rassistischer Einwanderungsbeschränkungen intakt blieb, setzte sich langsam ein Umdenken in Teilen der Regierung und Gesellschaft durch.

Asiatische Studierende

Dank bilateraler Programme und Stipendien reisten einige Studierende aus asiatischen Ländern (z. B. Malaysia, Singapur, Thailand) an australische Universitäten. Sie sollten als Elite heimkehren und die Beziehungen zu Australien verbessern.

Die Tatsache, dass diese Studierenden meist sehr leistungsfähig waren und sich gut integrierten, brachte manchen Australiern die Erkenntnis, dass Asiaten nicht zwangsläufig eine „Bedrohung" bedeuteten.

Kritik an Diskriminierung

Einzelne Abgeordnete, Journalisten und Kirchenleute äußerten, die White Australia Policy sei moralisch fragwürdig und schade Australiens Ansehen in Asien.

Zudem entging es Australiern nicht, dass Großbritannien und die USA selbst mit Bürgerrechtsfragen konfrontiert waren. Menschenrechtsdiskussionen internationaler Organisationen warfen ein kritisches Licht auf Rassengesetze.

Leichte Reformen

Gegen Ende der 1960er wurde das Einwanderungsgesetz minimal gelockert, um qualifizierten Migranten aus nicht-europäischen Ländern in Ausnahmefällen den Zuzug zu erlauben.

Zwar war das noch keine Abschaffung, doch es führte in die Richtung einer späteren Abschaffung der White Australia Policy, die erst in den folgenden Jahrzehnten komplett vollzogen werden sollte.

So bahnte sich allmählich ein Wandel in der Einwanderungspolitik an, wenn auch zunächst zaghaft und noch nicht breit in der Öffentlichkeit debattiert.

Wissenschaft und Bildung als Säulen des Fortschritts

In den 1960er Jahren erkannte Australien, dass es zur Förderung von Industrie und Wohlstand eine starke Bildungs- und Wissenschaftslandschaft benötigte.

Universitäten und Forschung

Mehr staatliche Universitäten wurden gegründet oder ausgebaut (z. B. in regionalen Zentren). Studienplätze stiegen, sodass mehr junge Leute studieren konnten, wenn auch noch immer meist aus besser gestellten Familien.

Forschungsinstitute arbeiteten an landwirtschaftlichen Verbesserungen, Medizintechnik und neuen Fertigungsmethoden. Besonders in Bereichen wie Tierhaltung, Getreidezucht und Bergbauinnovation erzielte man Erfolge.

Space Race und Australische Beteiligung

Mit dem Wettlauf zwischen den USA und der Sowjetunion um die Eroberung des Weltraums richtete Australien Tracking-Stationen ein (zum Beispiel in Woomera oder Pine Gap). Dort wurden Raketenstarts und Satelliten überwacht.

Dieser Technologietransfer bestärkte die Partnerschaft mit den USA und förderte zugleich hochspezialisierte Arbeitsplätze.

Berufs- und Abendschulen

Um der Wirtschaft genügend Fachkräfte zu liefern, entstanden technische Colleges, an denen Handwerks- und Facharbeiterausbildungen angeboten wurden. Damit konnte man den Bedarf an qualifizierten Arbeitern für Bauprojekte, Fabriken und das Stromnetz decken.

So machte Australien wichtige Schritte, um sich als moderne Industrienation zu positionieren, die in Forschung und Bildung aufholen wollte.

Medienwandel: Radio, Zeitschriften und das Aufkommen des Fernsehens

Die Verbreitung des Radios hatte bereits seit den 1920er Jahren zugenommen. Nach dem Zweiten Weltkrieg wurde es zum Alltagsmedium, mit Nachrichtensendungen, Musikprogrammen und Hörspielen. Doch in den 1950er und 1960er Jahren kam das Fernsehen hinzu und veränderte die Medienwelt grundlegend:

Start des Fernsehens

1956 starteten erste regelmäßige TV-Sendungen in Melbourne und Sydney, pünktlich zu den Olympischen Spielen in Melbourne. Die Zuschauerschaft war anfangs klein, da Fernsehapparate teuer waren.

Nach und nach wurden Fernseher günstiger, und bis Ende der 1960er besaßen viele Haushalte mindestens ein Gerät.

Inhalte

Erst dominierte Live-Übertragung von Sport und Events. Serien und Filme kamen oft aus den USA oder Großbritannien. Australische Eigenproduktionen waren rar, doch sie wuchsen langsam, zum Beispiel Nachrichtensendungen oder Kinderprogramme.

Unterhaltungsformate mit Quiz-Shows, Musik und Comedy machten das TV zum abendlichen Mittelpunkt vieler Familien.

Auswirkungen auf Kultur und Politik

Politiker erkannten die Macht des Fernsehens: Sie nutzten Fernsehansprachen, um direkt in die Wohnzimmer zu gelangen.

Große gesellschaftliche Debatten wurden nun landesweit verfolgt. Die Gemeinschaft rückte näher zusammen, da man gleichzeitig dieselben Bilder und Nachrichten sah.

Damit begann eine neue Ära, in der Massenmedien die öffentliche Meinung stärker prägten. Sie sollten später zu entscheidenden Faktoren in Wahlkämpfen und bei Protestbewegungen werden.

Auf dem Weg zu vorsichtigen Reformen

Gegen Ende der 1960er kamen einige Themen in den Vordergrund, die Veränderung versprachen:

1967er Referendum für Aborigines

Seit Jahren hatten Aktivistinnen und Aktivisten darauf hingearbeitet, dass Aborigines in der Bundesverfassung berücksichtigt würden. 1967 kam es zu einem Volksentscheid, bei dem über 90 Prozent der Wähler*innen dafür stimmten, die diskriminierenden Klauseln zu entfernen.

Zwar war dies formell nur eine Verfassungsänderung, doch symbolisch hatte es enorme Bedeutung. Erstmals erkannte die breite Gesellschaft, dass Aborigines gleichberechtigte Bürger sein sollten.

Erweiterung der Politikfelder

Einige jüngere Abgeordnete innerhalb der Liberal Party, aber auch in der Opposition, setzten Themen wie Umweltschutz, Bildung und Kulturförderung auf die Tagesordnung.

Die Gewerkschaften drängten auf kürzere Arbeitszeiten, besseren Kündigungsschutz und Angleichung der Löhne für Frauen.

Erste Zweifel an der White Australia Policy

Immer mehr Politiker zweifelten an der strengen Rassentrennung in der Einwanderungspolitik. Nach und nach entstanden Gesetzesentwürfe, um gut ausgebildeten Asiaten zumindest eingeschränkte Möglichkeiten zum Zuzug zu geben.

Die öffentliche Meinung blieb gespalten, doch es mehrte sich die Auffassung, dass Australien in einer globalisierten Welt nicht auf ewig Mauern hochziehen könne.

So kündigten sich grundlegende Reformen an, die das Land in den folgenden Jahren transformieren sollten. Diese Veränderungen bildeten den Übergang zu einem moderneren Australien, das sich von einigen kolonialen und rassistischen Altlasten lösen wollte.

Gesamtfazit: Der lange Weg zur eigenständigen Nation

Damit sind wir am Ende unseres Überblicks über die australische Geschichte angelangt. Im Laufe dieses Buches haben wir gesehen, wie:

Die Aborigines über Zehntausende von Jahren einen Lebensraum schufen, der auf mündlicher Überlieferung, spiritueller

Landverbundenheit und komplexen sozialen Strukturen beruhte. Ihre Welt geriet aus den Fugen, als europäische Seefahrer und britische Siedler ab dem späten 18. Jahrhundert Australien beanspruchten.

Die europäischen Kolonien wuchsen in den ersten Strafsiedlungen heran, erweiterten sich über den Kontinent und brachten enorme Umbrüche in Natur und Gesellschaft. Konflikte mit den Aborigines, Goldrausch, Auf- und Abschwünge in Handel und Wirtschaft prägten die 19. Jahrhundert.

Die Föderation von 1901 schließlich ein neues Kapitel eröffnete: Australien entwickelte sich vom Flickenteppich einzelner Kolonien zu einem gemeinsamen Commonwealth. Trotzdem blieben enge Bindungen an Großbritannien bestehen.

Die beiden Weltkriege Australien herausforderten und zugleich stärkten, indem sie der jungen Nation schmerzhafte Verluste brachten, aber auch einen Identitätskitt in Gestalt des ANZAC-Mythos und eines selbstbewussteren Auftretens in internationalen Fragen.

Die Nachkriegszeit Australien zu einem wohlhabenden Land machte, in dem Einwanderung, Wohnungsbau und Industrialisierung voranschritten. Gleichzeitig blieben strukturelle Ungerechtigkeiten, etwa für die Aborigines oder Frauen, und die White Australia Policy wirkte als Schranke gegen nicht-weiße Einwanderer.

In den späten 1950er und 1960er Jahren festigte sich Australiens nationale Identität weiter. Man setzte auf Wohlstand für die Mehrheit, wollte aber auch die eigene Kultur jenseits des britischen Erbes finden. Der Einfluss der USA wurde zur neuen Stütze in Militär und Außenpolitik. Erstmals regten sich Reformen für Aborigines und vorsichtige Liberalisierungen in der Einwanderung.

Ausblick

Obwohl wir an dieser Stelle kein modernes Australien behandeln, können wir feststellen, dass die Grundlagen gelegt waren für ein Land, das sich zu einem selbstbewussten, vielfältigen und zunehmend weltoffenen Staat entwickeln konnte. So verweist die Geschichte bis in die 1960er Jahre auf folgende Perspektiven:

Schrittweises Ende der White Australia Policy

In den folgenden Jahren nach diesem Buch begann Australien, seine Einwanderungsgesetze zu überprüfen. Die Einwanderung aus asiatischen Ländern wurde behutsam geöffnet, und ein bunteres Australien nahm Gestalt an.

Bürgerrechte für Aborigines

Die Verfassungsänderung von 1967 war nur ein erster Schritt. Dennoch hatte sich gezeigt, dass die australische Gesellschaft bereit war, grundlegende Ungerechtigkeiten in Frage zu stellen. Dies führte später zu weiteren Reformen und einem allmählichen Umdenken über Landrechte und Anerkennung.

Frauen- und soziale Bewegungen

Aus den kleinen Gruppen, die in den 1960ern zu diskutieren begannen, entwickelten sich stärkere Frauenbewegungen und Protestkulturen. Diese sollten das Verhältnis zwischen den Geschlechtern und die Rolle der Frauen im Berufsleben wesentlich verändern.

Wirtschaftliches Wachstum und neue Bündnisse

Die solide Grundlage des Wirtschaftswachstums und die Verbundenheit mit den USA legten den Grundstein für weitere internationale Verflechtungen. Australien entwickelte in den kommenden Jahrzehnten intensivere Beziehungen zu asiatischen Nachbarländern, während es sich dennoch als Teil einer westlich-demokratischen Weltordnung sah.

So endet unser Blick auf Australien zu einer Zeit, in der es sich aus seiner kolonialen Vergangenheit herausgelöst hatte, längst eine Föderation bildete und über die Weltkriege zur selbstbewussten Nation herangewachsen war – doch ohne den finalen Sprung ins Heute.

Gesamtschluss

Von den ersten Ureinwohnern, die vor zigtausend Jahren ihren Weg nach Australien fanden, über die blutigen Auseinandersetzungen der Kolonialzeit, bis hin zur Gründung des Commonwealth und den Herausforderungen zweier Weltkriege hat Australien einen langen, oft schmerzhaften Weg zurückgelegt. Dabei war die Geschichte stets geprägt von Wandel, vom Konflikt zwischen Tradition und Moderne, vom Umgang mit Land und Ressourcen sowie vom Ringen um Gleichberechtigung und Teilhabe für alle.

In den 1960er Jahren stand das Land kurz vor weiteren tiefgreifenden Veränderungen: die Abkehr von offen rassistischen Einwanderungsgesetzen, eine stärkere Einbindung der Aborigines in die Politik, eine aufkeimende Frauenbewegung und eine erweiterte Rolle in der Welt. Dass Australien dabei den Spagat zwischen alten Loyalitäten und neuen Allianzen schaffen musste, ist eines der spannenden Themen, die diese Nation bis weit ins späte 20. Jahrhundert begleiten.

An diesem Punkt endet unser geschichtlicher Überblick. Möge er das Fundament legen, um die Besonderheiten des Kontinents zu würdigen: seine jahrtausendealten Kulturen, seine unbändige Natur und seine Fähigkeit, sich trotz aller Hindernisse zu einer eigenständigen, stolzen Nation zu entwickeln.

Abschluss

Damit schließen wir unser Buch über die Geschichte Australiens, das die Entwicklung von den frühesten Bewohnern bis in die Mitte des 20. Jahrhunderts nachverfolgt. Australien trat als eigenständige Nation ins Licht der Weltgeschichte, indem es seine Kultur, seine Institutionen und sein Verständnis von Gemeinschaft formte. Dieser Prozess war nie ohne Konflikte, Ungerechtigkeiten und Herausforderungen. Doch das Land bewies immer wieder die Fähigkeit, sich an neue Umstände anzupassen und dabei Schritt für Schritt mehr Vielfalt und Gerechtigkeit anzustreben – ein Ziel, an dem jede Generation weiterarbeiten musste.

Helfen Sie uns, Ihre Gedanken zu teilen!

Liebe Leserin, lieber Leser,

Vielen Dank für Ihr Interesse an diesem Buch. Wir hoffen, es hat Ihnen Freude bereitet und Ihnen neue Denkanstöße gegeben. Sollten Sie etwas nicht gefunden haben oder Verbesserungsvorschläge haben, teilen Sie uns dies bitte unter **kontakt@skriuwer.com** mit. Ihr Feedback ist uns sehr wichtig und hilft uns, unsere Bücher noch besser zu machen.

Wenn Ihnen dieses Buch gefallen hat, würden wir uns sehr freuen, wenn Sie auf der Website, auf der Sie es gekauft haben, eine Bewertung hinterlassen. Ihre Bewertung hilft nicht nur anderen Lesern, unsere Bücher zu finden, sondern ermutigt uns auch, weiterhin neue Geschichten und Materialien zu entwickeln, die Sie begeistern werden.

Mit Ihrer Entscheidung für Skriuwer unterstützen Sie auch **Friesisch** – eine Minderheitensprache, die hauptsächlich in den nördlichen Niederlanden gesprochen wird. Obwohl **Friesisch** eine reiche Geschichte hat, schrumpft die Zahl der Sprecher, und es droht auszusterben. Mit Ihrem Kauf tragen Sie zur Finanzierung von Ressourcen zur Erhaltung und Förderung dieser Sprache bei, wie z. B. Bildungsprogrammen und Lernmaterialien. Wenn Sie mehr über Friesisch erfahren oder selbst mit dem Lernen beginnen möchten, besuchen Sie **www.learnfrisian.com**.

Vielen Dank für Ihre Teilnahme an unserer Community. Wir freuen uns darauf, Ihnen in Zukunft weitere Bücher präsentieren zu können.

Mit freundlichen Grüßen

Das Skriuwer-Team